创新企业知识产权理论与实务丛书

企业商业秘密管理及风险应对指引

陈浩 著

中国·武汉

图书在版编目（CIP）数据

企业商业秘密管理及风险应对指引/陈浩著．—武汉：华中科技大学出版社，2023.10
（创新企业知识产权理论与实务丛书）
ISBN 978-7-5772-0042-2

Ⅰ.① 企⋯　Ⅱ.① 陈⋯　Ⅲ.① 商业秘密-保密法-研究-中国　Ⅳ.① D923.404

中国国家版本馆CIP数据核字（2023）第185836号

企业商业秘密管理及风险应对指引　　　　　　　　　　　陈　浩　著
Qiye Shangye Mimi Guanli ji Fengxian Yingdui Zhiyin

策划编辑：郭善珊
责任编辑：张　丛
封面设计：沈仙卫
责任校对：张会军
责任监印：朱　玢
出版发行：华中科技大学出版社（中国·武汉）　　电话：(027) 81321913
　　　　　武汉市东湖新技术开发区华工科技园　　　邮编：430223
录　　排：华中科技大学出版社美编室
印　　刷：湖北恒泰印务有限公司
开　　本：710mm×1000mm　1/16
印　　张：16.5
字　　数：246千字
版　　次：2023年10月第1版第1次印刷
定　　价：128.00元

本书若有印装质量问题，请向出版社营销中心调换
全国免费服务热线：400-6679-118　　竭诚为您服务
版权所有　侵权必究

序言
preface

近年来，我国不断强调知识产权保护，商业秘密作为知识产权的重要组成部分也越来越受到关注。2019年4月，《中华人民共和国反不正当竞争法》（以下简称《反不正当竞争法》）修正并实施，调整了商业秘密的定义，扩大了商业秘密保护的范围，并明确规定加大了对不正当竞争的惩罚力度。2019年10月，《中共中央关于坚持和完善中国特色社会主义制度　推进国家治理体系和治理能力现代化若干重大问题的决定》指出："健全以公平为原则的产权保护制度，建立知识产权侵权惩罚性赔偿制度，加强企业商业秘密保护。"2019年11月，中共中央办公厅、国务院办公厅印发《关于强化知识产权保护的意见》指出："探索加强对商业秘密、保密商务信息及其源代码等的有效保护。"2021年9月，《知识产权强国建设纲要（2021—2035年）》指出要"制定修改强化商业秘密保护方面的法律法规，完善规制知识产权滥用行为的法律制度以及与知识产权相关的反垄断、反不正当竞争等领域立法"。2022年11月，《反不正当竞争法（修订草案征求意见稿）》增加了"国家推动建立健全商业秘密自我保护、行政保护、司法保护一体的商业秘密保护体系"的内容。

从一系列政策及法律修订来看，知识产权尤其是商业秘密在接下来的很长一段时间内都将是关注的重点,这能够从法律上为营造良好的营商环境、保护公平竞争的市场规则保驾护航。与之相应的,国内商业秘密纠纷迅速增多,越来越多的企业通过行政投诉、民事诉讼、刑事报案等多种法律途径维护自身商业秘密。还有许多企业防患于未然,为避免发生侵权纠纷,产生泄密风险,预先寻求专业人士帮助,为企业建立与业务经营、企业规模相适应的商业秘密保护制度。然而,由于多年以来商业秘密保护意识不强,企业管理者对商业秘密的认知往往仅停留在模糊概念的阶段,企业急剧增加的商业秘密保护的需求与企业管理者对商业秘密认知不充分成为当前知识产权保护的一个重要矛盾。在商业秘密立法、司法保护日益加强的背景下,笔者近十年办理了多个商业秘密案件,为国企、民企、外企等多领域企业提供了法律支持,既有帮助构建企业商标秘密保护体系的案例,又有代理企业商业秘密侵权纠纷的民事、刑事诉讼的案例。

本书是笔者撰写的一部专门针对商业秘密保护的书籍,共分为三个部分。第一部分为商业秘密基础知识,包括国际和国内商业秘密立法、我国商业秘密的定义及构成要件、我国商业秘密保护现状等内容,希望能够帮助读者对商业秘密建立清晰全面的理论基础。第二部分为企业商业秘密合规,主要从管人、管物、管事等方面介绍商业秘密保护体系构建的方法，该部分能够帮助企业合理构建保护体系，避免泄密行为发生。第三部分为商业秘密侵权发生后的应对，从原告和被告、民事和刑事角度讲解诉讼要点和策略，为企业在诉讼阶段维护自身权益提供参考。

在长期商业秘密案件的办理过程中，笔者从理论到实践积累了些许经验，有感于企业保护商业秘密之难，于是撰写本书。希望书中的内容能够为读者在日常商业秘密管理及诉讼保护等方面助一臂之力，不当之处也请读者海涵并不吝赐教。

陈　浩

2022 年 12 月 12 日

目录
contents

第一部分 商业秘密基础知识

第一章 世界各国商业秘密立法动态 ···003
  一、商业秘密的国际立法保护 ···004
  二、国际商业秘密保护趋势 ···007

第二章 中国企业商业秘密保护现状 ···011
  一、商业秘密保护的重要性 ···012
  二、我国商业秘密立法保护 ···013
  三、我国商业秘密立法保护的趋势 ···015
  四、我国商业秘密司法保护 ···018

第三章 商业秘密的概念、特点和构成要件 ···023
  一、商业秘密的概念 ···024
  二、商业秘密的特点 ···025
  三、商业秘密的构成要件 ···026
  四、客户名单的认定 ···030

第四章　商业秘密的取得 …033
一、独立开发 …034
二、合法受让方式取得 …036
三、反向工程 …038
四、善意取得 …040

第五章　商业秘密保护与专利保护 …043
一、商业秘密保护与专利保护的差异 …044
二、商业秘密保护与专利保护相比之下的优劣 …046
三、商业秘密保护与专利保护的选择 …048

第二部分　企业商业秘密合规

第六章　企业常见泄密途径 …055
一、内部员工泄密 …056
二、对外交流的泄密 …058
三、日常办公过程中存在的泄密情形 …060
四、对于企业泄密途径采取的保护策略 …062

第七章　企业保密制度的建立 …067
一、企业保密制度建立的意义 …068
二、企业建立保密制度的原则 …070
三、企业保密体系的构建 …072

第八章　保密协议等保密措施　…085
一、签署保密协议的必要性　…086
二、内部保密协议的基本内容　…088
三、对外保密协议的基本内容　…094
四、竞业限制协议的基本内容　…098

第九章　企业商业秘密的定密分级　…105
一、商业秘密的定密　…106
二、商业秘密的分级　…119
三、商业秘密的解密　…122

第十章　企业涉密人员的管理办法　…123
一、涉密人员管理概述　…124
二、涉密人员任职管理　…127
三、涉密人员在职管理　…131
四、涉密人员脱密管理　…133

第十一章　企业涉密场所的管理措施　…139
一、涉密场所概述　…140
二、确定涉密场所的管理原则　…141
三、主管部门职责划分　…143
四、涉密场所的确定程序　…144
五、涉密场所的安全防护措施　…146
六、涉密会议场所的保密管理　…152

第十二章　企业涉密载体的管理措施　…155
　一、涉密载体概述　…156
　二、涉密载体的制作与领取　…158
　三、涉密载体的标记与保管　…160
　四、涉密载体的借用与复制　…162
　五、涉密载体的销毁　…164

第十三章　异常行为的识别与监控　…165
　一、商业秘密异常行为有哪些　…166
　二、商业秘密异常行为的监督与举报　…170
　三、商业秘密异常行为的应对　…172
　四、商业秘密异常行为的追责　…175

第三部分　商业秘密侵权应对

第十四章　侵犯商业秘密的行为及民事责任、行政责任　…181
　一、侵犯商业秘密的行为　…182
　二、侵犯商业秘密的民事责任　…187
　三、侵犯商业秘密的行政责任　…190

第十五章　商业秘密的民事维权　…193
　一、商业秘密民事诉讼的诉讼时效　…194

二、商业秘密民事诉讼的管辖　　…195

　　三、商业秘密民事诉讼的原告主体资格　　…197

　　四、商业秘密民事诉讼被告的选择　　…198

　　五、商业秘密民事诉讼的诉讼请求　　…199

　　六、商业秘密权利人的举证责任　　…200

　　七、证据保全和行为保全　　…205

第十六章　商业秘密侵权的抗辩　　…209

　　一、原告所主张的商业秘密并不存在　　…210

　　二、非同一性的抗辩　　…213

　　三、合法来源抗辩　　…213

　　四、善意取得　　…219

　　五、通过其他合法方式获得商业秘密　　…221

第十七章　侵犯商业秘密罪及刑事责任　　…223

　　一、侵犯商业秘密罪　　…224

　　二、侵犯商业秘密罪的刑事立案标准　　…227

　　三、发现侵犯商业秘密事实的报案　　…230

　　四、侵害商业秘密的刑事法律责任　　…231

　　五、商业秘密刑民交叉案件　　…233

第十八章　商业秘密的司法鉴定　　…239

　　一、商业秘密鉴定的程序　　…240

　　二、商业秘密司法鉴定的内容　　…241

　　三、对鉴定报告的质证及鉴定人出庭　　…246

参考文献 ···249

后记 ···251

第一部分

商业秘密基础知识

本部分简介

近年来，商业秘密越来越成为知识产权的热点话题，被公众广泛知晓。随着《反不正当竞争法》以及刑法司法解释等相关法律的修改，企业逐渐了解到加大商业秘密侵权惩罚力度、降低商业秘密刑事案件入罪标准等一系列举措为商业秘密的保护奠定了坚实的法律基础，商业秘密成为继专利之后保护企业市场竞争力的有力武器。于是，越来越多的企业开始重视对自身商业秘密的保护，一方面尽最大努力防止企业商业秘密外泄，另一方面着眼于将来，提前为泄密后的维权做好准备。但是，目前许多企业对商业秘密的认知尚处于知其然但不知其所以然的状态，导致企业管理者对商业秘密的理解存在偏差，管理商业秘密也存在漏洞。本书第一部分就是从商业秘密的渊源及发展角度作讲解，以期许企业管理者以及知识产权法律从业者对商业秘密有更深层次的了解，为接下来的应用打好理论基础。

该部分共包括五章。第一章为世界各国的商业秘密立法动态，我国商业秘密的立法发展离不开国际上商业秘密保护的巨大推动作用，为了与世界各国经济往来更顺畅，我国对企业商业秘密的保护也在不断与世界接轨。通过该章的介绍，希望读者能够了解各国的立法相同点及不同点，把握国际立法趋势。第二章为中国企业商业秘密保护现状，介绍我国商业秘密的立法渊源和变化，以及当前商业秘密司法保护的特点，使读者能够对我国商业秘密案件有宏观认知，对标企业自身现状做出制度上的调整。第三章为商业秘密的构成要件，这是商业秘密的基本常识，告诉读者在我国商业秘密是如何定义的，从法律上讲商业秘密有哪些特点，以及若想对企业某信息作为商业秘密保护应当具备哪些基本法律要件。第四章为商业秘密的取得，读者能够从该章了解到哪些途径是商业秘密的合法取得方式，那么除此之外的其他获取途径则有可能面临侵权风险。第五章为商业秘密保护与专利保护的对比。由于企业容易混淆商业秘密与专利概念，对于一项技术该作为商业秘密保护还是专利保护存在疑惑，笔者介绍二者的异同，并为企业从二者之间取舍给出思考维度和建议。

第一章 世界各国商业秘密立法动态

扫描图中二维码
查看本章思维导图

为了维护市场运转秩序和权利人利益，商业秘密作为一种重要的财产权利而较早得到了国际社会的普遍承认与保护。随着科技迅猛发展、全球范围内产业结构调整，全球经济融合和分工，一体化加强，出现了商业秘密保护的国际化趋势。商业秘密作为一项知识产权，作为一种越来越重要的企业发展要素，其巨大的商业价值被企业高度重视，但同时导致侵权行为越来越多，越来越泛滥。企业如何长久地保持在市场竞争中的优势，防止商业秘密被竞争对手非法获得、使用或披露而造成损失，已成为各国共同关注的经济发展中的重要问题。随着资金、技术和人才的交流日趋密切，外国企业走进来，中国企业走出去，商业秘密风险与保护的问题日益突出，商业秘密纠纷趋多，商业秘密安全形势更加严峻。我国高度重视商业秘密保护工作，学习国际社会的立法等保护经验可以为加强我国商业秘密保护提供重要参考，可以推动我国商业秘密保护工作再上新台阶，对激发市场主体活力和创造力，推动我国企业创新发展、经济高质量发展，提升国家整体竞争力具有重要意义。

一、商业秘密的国际立法保护

近年来，世界各国均对商业秘密进行专门立法调整，这已经成为各国的发展趋势，商业秘密的国际保护制度也在形成，很多国际性的、区域性的、多边的、双边的国际条约对商业秘密的国际保护做出了规定。

（一）商业秘密的国际立法保护

《巴黎公约》1967年文本将专利技术、经营标记与反不正当竞争列为工业产权的对象，成为以后国际公约关于商业秘密保护的基准性法案。1961年国际商会制定了《专有技术保护标准条款》，1967年签署成立的《世界知识产权组织公约》将反不正当竞争的权利纳入知识产权范围，联合国也制定了《联合国国际技术转让行动守则（草案）》，这些公约都对商业秘密的保护有所涉及，但直到《与贸易有关的知识产权协议》（TRIPS协议）的出现才真正开启了商业秘密的国际保护。

TRIPS协议将商业秘密定义为"未披露过的信息"，并以巴黎公约1967年的文本为基础，"要求成员在依巴黎公约为反不正当竞争提供有效保护的过程中，保护未披露过的信息，保护向政府或政府的代理机构提交的数据。"TRIPS协议将商业秘密保护纳入知识产权保护协议中，规定具有商业价值的信息只要经合法控制人采取相关措施，保持其一定程度的秘密性，该信息都可以作为商业秘密加以保护。随着TRIPS协议的生效，世界知识产权组织国际局也在《关于反不正当竞争保护的示范规定》里将侵犯商业秘密的行为纳入不正当竞争行为之列，从而形成了以TRIPS协议为核心的商业秘密国际法律保护体系。

（二）英美法系国家的商业秘密法

在英美法系国家里，商业秘密的法律保护很早就受到了人们的关注，这些国家主要通过特有的判例法形式对这一问题来加以保护，同时成文法开始逐步影响这些英美法系国家，它们开始通过制定成文法典的形式，加强对商业秘密的法律保护。

英国是最早实现工业化的国家，也是世界上最早对商业秘密给予法律保护的国家。信任关系和合同法是目前英国对商业秘密进行法律保护的理论基础，在一定程度上保护了商业秘密权利人的合法利益，但仍需要以判例等方式来予以弥补，扩大默示的保密义务和由判例法走向成文法是英国商业秘密法律制度的发展趋势。

美国是对商业秘密进行法律保护最充分的国家，美国的商业秘密法律制度最具有代表性。美国也是判例法国家，商业秘密从19世纪中叶开始受普通法保护，一系列的司法判例确立了商业秘密保护制度，成为后来法院裁判同类纠纷的参考依据。美国有关商业秘密的立法分两级，一级是联邦立法，联邦立法为州立法提供框架和示范，二级是州立法，司法实践以州法为依据。同时，美国在商业秘密的区域性的、双边的、多边的国际保护方面所发挥的作用很大,使美国公司的商业秘密在其他国家受到有效的保护,维护了美国高科技等领域企业在全球范围内的竞争优势。

美国先后制定了《侵权行为法重述(第一次)》《统一商业秘密法》《反经济间谍法》,以此来构建其商业秘密的法律保护制度,其中《统一商业秘密法》是美国商业秘密法律制度的核心,对商业秘密作出规范,在美国国内和国际上影响都很大,但并未涉及侵犯商业秘密的刑事处罚。美国国会制定的《反经济间谍法》根据当事人实施侵犯商业秘密行为时的动机以及行为的危害程度,主要规定了经济间谍罪和侵犯商业秘密罪。经济间谍罪是指任何个体或组织意图使其行为有利于或明知其行为有利于外国政府、部门、代理组织,而故意实施偷窃等侵犯商业秘密的行为。侵犯商业秘密罪是指意图将某商业秘密转化为除商业秘密所有人之外他人的经济利益,有意或明知该罪行会有损所有人的商业秘密,而故意实施偷窃等侵犯商业秘密的行为。这些法律反映了美国对商业秘密保护的重视。

(三)大陆法系国家的商业秘密法

相对于英美法系国家,大陆法系国家的商业秘密法律保护制度起步较晚。大陆法系国家在借鉴英美法系国家有关商业秘密保护法律制度的基础上,基于维护市场竞争秩序的目的,经过长时间的发展,形成了以反不正当竞争法为核心,不同部门法之间配套结合保护商业秘密的法律体系。

德国是大陆法系国家的典型代表,其对商业秘密的保护是以《反不正当竞争法》为中心,由民法、合同法、刑法等法律构成的商业秘密保护体系。《反不正当竞争法》不仅专门规定了"雇员泄密"等侵害商业秘密的不正当竞争行为,还对商业秘密提供了完善的刑事保护。该法修订后,还将第三人非法获取商业秘密的行为规定为犯罪。德国对商业秘密进行法律保护的理论基础是公平竞争理论,是为了维护公认的商业道德,维护公平竞争的市场秩序。因此其立法目的重在惩罚破坏公平竞争的行为，而非重在补偿该种侵权行为造成的损失，故刑事责任被广泛应用于制裁侵犯商业秘密的不正当竞争行为。

日本主要依据《不正当竞争防止法》《刑法》来构建商业秘密的法律保护体系。《不正当竞争防止法》正式确立了保护商业秘密的专门制度，规定了商业秘密的定义、侵权主体、归责原则、侵权行为等方面的内容。该法所规范的商业秘密是指作为秘密管理的生产方法、销售方法以及其他对经营活动有用的技术上或经营上未被公知的情报。该法规定侵犯商业秘密的不正当竞争行为包括以下内容：以盗窃、欺诈、胁迫或其他不正当手段获取他人的商业秘密及使用、披露行为；对合法知悉的商业秘密出于不正当目的而加以使用或披露的行为；第三人知道或因重大过失而不知道有关商业秘密是不正当获得或披露行为，仍然获取、使用及披露该商业秘密的行为。该法修订时还增加了侵犯商业秘密行为的刑事责任条款。

二、国际商业秘密保护趋势

在当今知识经济时代，特别是智力劳动成果日益产业化的趋势下，商业秘密已成为创新型企业在激烈的商战中保持其竞争优势的"大杀器"，保住了企业商业秘密就保住了商业战场的优势地位，竞争者为了打破其优势地位，往往会不择手段，通过侵犯优势企业的商业秘密抢占市场，因此侵犯商业秘密的现象越来越严重，商业秘密纠纷也越来越多。而且，伴随着互联网的普及和计算机技术的发展，窃取等不正当手段获取商业秘密的渠道愈发多样化，比如侵权人通过破解他人电脑、手机、电邮等黑客技术手段实施窃取商业秘密的行为。商业秘密侵权行为造成的危害性较大，商业秘密一旦外泄，往往意味着企业的发展就此止步，甚至宣告破产。这促使国际社会不得不重视对商业秘密的法律保护，修订法律加大对侵犯商业秘密行为的打击力度，具体表现如下。

（一）扩大了商业秘密的保护范围，改变原来商业秘密仅包括技术信息和经营信息的比较窄的保护范围

美国的《统一商业秘密法》认为，配方、方法、技术、模型、计划、程序、设计等信息都属于商业秘密。《与贸易有关的知识产权协议》（TRIPS协议）认为，那些不对外公开、需要保密的、能够给经营者带来利益的信息都属于商业秘密的范围。国际社会越来越多地将技术信息和经营信息以外的其他具有保密性和价值性等特征的非公开信息纳入商业秘密的范围加以保护，这样做可以更好地保护商业秘密权利人的利益，也更符合国内外市场经济的特点。

（二）从判例法到成文法再到专门立法的发展趋势

发达国家在国家层次上有比较周密完善的立法和强有力的司法保护系统。在以英国和美国为代表的英美法系国家，商业秘密很早就受到了法律的保护，商业秘密在这些国家一开始主要通过判例法的形式加以保护，后来随着英美法系和大陆法系的不断融合，越来越多的国家开始通过制定成文法的方式来加强对商业秘密的保护。随着经济和社会的发展，世界范围内各国商业秘密的立法趋势向成文化、统一化和专门法方向发展。

例如德国、日本确定以《反不正当竞争法》为中心，由合同法、民法、刑法等若干相关法律法规构成商业秘密保护体系。英国、加拿大等国家和地区，不仅在一般的侵权法、反不正当竞争法、知识产权法中普遍加强了对商业秘密的保护力度，而且在原有法律的基础上，提出制定专门的商业秘密保护法，强化对侵犯商业秘密行为的打击。

（三）从承担违约责任、侵权责任到刑事责任的强化

在经济全球化的今天，美国、日本、德国及欧盟等国家和地区都在修订法律，加大商业秘密保护力度。商业秘密保护的早期，主要是适用违约责任和侵权责任保护，侵权主体都只需要承担民事责任。随着科技

的迅猛发展，侵犯商业秘密的行为日益增多，手段趋于多样化，侵犯后果严重，因此，很多国家开始采取刑事手段保护商业秘密。现在，运用刑罚手段严惩侵犯商业秘密的犯罪行为已经是保护商业秘密的重要救济手段之一。

在美国，虽然《侵权行为法重述（第一次）》和《统一商业秘密法》中并无泄露、使用他人商业秘密承担刑事责任的相关内容，但是各州自己的相关立法中有刑事处罚方面的规定。德国制定《商业秘密保护法》，规定侵犯商业秘密不仅要承担民事责任，还可能受到刑事处罚，承担刑事法律责任，并明确反向工程、损害赔偿、召回和销毁侵犯商业秘密产品等规定。日本在《不当竞争防止法》修订后加大刑事打击泄露商业秘密行为力度，增加没收违法所得规定等。由此可见，运用刑法武器打击侵权行为，保护商业秘密已成为现代国家立法的趋势。

商业秘密是一种重要的知识产权，能够给权利人带来经济利益和竞争优势。商业秘密作为一种具有实际的或潜在的商业价值的无形财产，是市场主体采取保密措施的技术信息和经营信息，也是企业竞争力的集中体现。由于商业秘密具有无形性，持有人难以控制，极易受到他人侵害，一旦泄密，将会对持有人造成难以挽回的损失。对商业秘密的法律保护不力将直接损害企业的创新积极性和市场竞争公平性，并可能危及国家经济安全乃至国家安全。当今世界各国对商业秘密保护的法律手段，主要集中在民事保护和行政保护上，而刑事手段作为有力武器，也被越来越多的国家所采用，这凸显了国际社会对商业秘密保护的重视程度，同时也说明重点保护商业秘密对保护企业无形资产和增强企业市场竞争力的重要意义。我国也面临与欧美等国同样的商业秘密保护困境与经济安全风险，我国顺应国际趋势，积极完善商业秘密保护法律制度，国际上这些立法变化对我国商业秘密保护制度的调整有着重要的启示作用。我国将逐步建立统一的商业秘密保护规范，发挥民事、行政、刑事协作保护的优势，健全商业秘密执法司法部门联动机制，为商业秘密保护法律法规的有效实施夯实基础。

中国企业商业秘密保护现状

扫描图中二维码
查看本章思维导图

商业秘密凝聚着企业的专业知识，是智慧的结晶，会给企业带来巨大的物质财富和精神财富，同时也是企业无形资产的重要组成部分，企业商业秘密的保护对于企业自身的发展具有重要意义。近些年来，我国经济迅速发展，在进一步对外开放的大环境下，企业在市场中的竞争也日趋激烈，竞争带来人才的流动，人才的大幅流动又会带来企业商业秘密纠纷，相关的商业秘密侵权案件也在呈几何型的趋势上升。

日益严峻的市场竞争中，商业秘密作为一种无形财产，能够给企业带来巨大的竞争优势和充足的财富。随着企业之间的竞争加剧，企业对自身商业秘密的保护日益重视。由于我国目前尚没有制定专门的商业秘密保护法，所以商业秘密的保护是依据《反不正当竞争法》和《中华人民共和国刑法》（以下简称《刑法》）等的规定，日常商业秘密的维护主要依赖于企业自身的保护意识和保护措施。中国企业面临的商业秘密保护形势不容乐观。对于很多中国企业而言，在如何保护企业的商业秘密这一课题上还需要补课。

一、商业秘密保护的重要性

（一）保护商业秘密就是保护科技创新

促进技术研发直接关系着社会的进步，但是技术研发不是一朝一夕就可以完成的，一项创新技术的研发可能会经历很长的周期。而且，随着研发的深入，研究的费用也会逐步增加。所以从事技术研发是一项高风险、高投入、长周期的活动。但是技术研发一旦成功，产品推向市场，就有可能获得巨大回报，重大科技研发项目的成果甚至有可能改变世界的经济格局。高科技研发属于长期收益，收益期也很长，科技成果对社会有重大意义，研发的进程关系着社会文明的发展速度，科技研发促进社会进步。

（二）保护商业秘密就是为了实现最大的社会利益

商业秘密是所有人不愿意公开的技术秘密，这是由商业秘密的保密属性决定的，也是为了通过保护商业秘密来保护科技创新的动力。商业秘密可以用来制造产品或提供服务，推向市场创造利润、创造市场价值，所以肯定要拿来用。但拿来用就不会是绝对保密，这是受社会利益最大化所影响的。在市场经济中，保护商业秘密就保护了企业参与市场竞争的动力，推动社会经济进步，意义重大。

（三）有效规范市场商业道德，保护市场经济秩序

在商业竞争中需要维护企业共同遵守的底线，这就是商业道德。对商业秘密进行法律保护会影响人们的道德观念。规范市场商业道德，可以让市场运行更加平稳，更好地促进社会的发展，保护市场经济秩序。商业秘密一旦被侵害，就会降低企业的市场竞争力，甚至可能会导致一个企业的破产，因此我们要采取法律手段予以保护，制止并惩罚侵害商业秘密的不当行为，使权利人的商业秘密得到有效保护，使市场经济中的正常交易秩序得以保障。

二、我国商业秘密立法保护

我国商业秘密的法律保护主要是依据《反不正当竞争法》关于商业秘密条款的规定，它对商业秘密的保护做出了明确直接的规定，发挥着主导作用。除此之外，还有《中华人民共和国民法典》（以下简称《民法典》）、《刑法》等法律法规相辅助，形成了一个相对完备的法律保护系统。这些法律法规组合起来，对侵犯商业秘密的行为进行不同层次的打击和治理，从而保护市场竞争中市场个体的商业秘密。

（一）《反不正当竞争法》保护

《反不正当竞争法》是保护商业秘密的核心法律，它对商业秘密的保护做出了直接的规定。该法除对商业秘密进行了明确的界定外，还对商业秘密的构成要件、侵权行为种类以及相应的行政处罚方式等予以规定。《反不正当竞争法》对商业秘密侵权行为的损害赔偿也做出了相关规定，当侵犯商业秘密行为人对被侵害的权利人造成损害，就应承担赔偿责任，适用补偿性赔偿原则，该侵权行为人的赔偿责任一般以受害人遭受损失为限。新法修订后，扩大了商业秘密的保护范围，加强了对商业秘密侵权行为的惩罚力度，在侵权行为人恶意侵权的情况下，可以适用惩罚性赔偿。

（二）《民法典》保护

《民法典》确立了商业秘密与专利、商标、作品一样，同属于知识产权，并规定公民、法人在商业秘密开发、技术转让、技术服务、技术引进中，都可在合同中约定保密条款，一方违反保密义务，另一方可要求支付违约金或赔偿损失。

（三）《刑法》保护

《刑法》规定了侵犯商业秘密罪，并明确了当侵权人给权利人造成不同程度损失时，其所应当受到的相应的刑事处罚。情节严重的，处三年以下有期徒刑，并处或者单处罚金；情节特别严重的，处三年以上十年以下有期徒刑，并处罚金。单位侵犯商业秘密罪的，对单位判处罚金，并对单位直接负责的主管人员和其他责任人员给予相应的处罚。

（四）劳动法等的保护

劳动相关法律规定劳动者对用人单位的商业秘密负有保密义务，可以协商约定保守商业秘密的范围、期限、义务等；同时规定了用人单位对员工享有竞业禁止的权利，劳动者在终止或解除劳动合同后的一定期限内不得在生产同类产品、经营同类业务或有其他竞争关系的用人单位任职，也不得自己生产与原单位有竞争关系的同类产品或经营同类业务。

（五）程序法保护

程序法有关商业秘密的保护主要体现在《中华人民共和国民事诉讼法》（以下简称《民事诉讼法》）及其司法解释中。《民事诉讼法》规定，人民法院审理民事案件，涉及商业秘密的案件，当事人申请不公开审理的，可以不公开审理；对涉及商业秘密的证据应当保密，需要在法庭出示的，不得在公开开庭时出示。

随着科技、经济的迅猛发展，商业秘密日益重要，涉及商业秘密的侵权行为在迅速增多，需要加快制定和完善商业秘密保护法律制度，科学、系统地搭建起我国商业秘密保护的法律体系和机制，高效解决日益增多的商业秘密侵权纠纷。

三、我国商业秘密立法保护的趋势

现行法律中，涉及商业秘密的《刑法》《反不正当竞争法》及相关司法解释，近年来都进行了调整，总体趋势是加大了商业秘密的保护范围，主要变化如下。

（一）扩大了商业秘密的保护范围

2019年修正的《反不正当竞争法》对商业秘密的范围进行了扩充，商业秘密包括但不限于技术信息、经营信息，满足不为公众所知悉、具有商业价值并经权利人采取相应保密措施等属性的商业信息。这解决了司法实践中企业的核心信息有时无法用"技术信息"或"经营信息"完全涵盖的问题，更有利于企业用商业秘密的形式对更多商业信息进行保护。

（二）扩大了侵权主体范围

2019年修正后的《反不正当竞争法》新增"经营者以外的其他自然人、法人和非法人组织实施前款所列违法行为的，视为侵犯商业秘密"，扩大了应当承担保密义务的主体范围，接触到商业秘密的国家机关工作人员、员工、律师、会计师等都需要遵守保密义务，这样通过法律条文予以明确规定经营者以外的市场主体也需要承担商业秘密侵权的法律责任，帮助企业建立维权信心。

（三）新增侵犯商业秘密行为类型

2019年修正后的《反不正当竞争法》以新增列举的方式，将电子侵入规定为与盗窃、贿赂、欺诈、胁迫等并列的侵犯商业秘密的行为的不正当手段类型之一。在大数据时代，商业秘密大多以电子数据的形式存在，侵犯商业秘密，也可能采取与信息化、计算机系统等有关的黑客手段，所以将电子侵入列举为不正当手段类型之一。

另外，新增"教唆、引诱、帮助他人违反保密义务或者违反权利人有关保守商业秘密的要求，获取、披露、使用或者允许他人使用权利人的商业秘密"，将间接侵犯商业秘密的行为也纳入了打击范围，使得司法实践中对商业秘密间接侵权行为追究法律责任有法可依。

（四）降低了权利人的举证责任

在认定权利人主张的商业秘密构成时，2019年修正的《反不正当竞争法》，在侵犯商业秘密的法律程序中，商业秘密权利人提供初步证据，证明其已经对所主张的商业秘密采取保密措施，且合理表明商业秘密被侵犯，涉嫌侵权人应当证明权利人所主张的商业秘密不属于本法规定的商业秘密。

此外，为了破解商业秘密案件确定损害赔偿举证难的问题，维权程序中引入了举证妨碍制度，即在权利人已经提供侵权人因侵权所获得的利益的初步证据，但与侵犯商业秘密行为相关的账簿、资料由侵权人掌握的情况下，权利人可以向法院申请，责令侵权人提供该账簿、资料。侵权人无正当理由拒不提供或者不如实提供的，应当承担不利后果，法院可以根据权利人的主张和提供的证据认定侵权人因侵权所获得的利益。

（五）引入惩罚性赔偿机制

2019年修正的《反不正当竞争法》新增规定："经营者恶意实施侵犯商业秘密行为，情节严重的，可以在按照上述方法确定数额的一倍以上五倍以下确定赔偿数额。赔偿数额还应当包括经营者为制止侵权行为所支付的合理开支"，将惩罚性赔偿机制引入商业秘密维权领域，通过惩罚性赔偿所形成的高额侵权成本来震慑、警示已经或可能实施侵犯商业秘密的人员。企业在今后的维权当中，如果有证据证明泄密人存在恶意的情况下，可以向法院主张惩罚性赔偿，大力度打击恶意侵权行为。

（六）提高民事赔偿上限

2019年修订的《反不正当竞争法》将法定赔偿上限额由300万元调升至500万元，大幅提高了侵权者的侵权成本，即当权利人因被侵权所受到的实际损失及侵权人因侵权所获得的利益都难以确定时，人民法院可以根据侵权行为的情节最高判决侵权人承担500万元的赔偿。对于难以证明侵权受损或侵权获利的具体数额，但有证据证明前述数额明显超过法定赔偿最高限额的，应当综合全案的证据情况，在法定最高限额以上合理确定赔偿额。

（七）降低了刑事立案门槛

《刑法》将侵犯商业秘密罪的立案追诉标准由50万元修改为30万元，并明确了造成损失数额或者违法所得数额的计算方式，降低了侵犯商业秘密行为的入罪门槛。并且不再单纯将遭受重大损失作为唯一的结果要件,改为情节犯。重大损失显然可以作为情节严重的后果之一,降低了启动刑事程序的入罪门槛。

(八)加大刑事打击力度

《刑法》将商业秘密犯罪的法定最高刑期由7年调整为10年,加大了刑罚力度,起到震慑作用,反映出我国愈加重视商业秘密司法保护的立法趋势。同时,增加"为境外的机构、组织、人员窃取刺探收买非法提供商业秘密"条款,规定同为侵犯商业秘密罪。区别在于,侵犯商业秘密罪是结果犯,"为境外的机构、组织、人员窃取刺探收买非法提供商业秘密"是行为犯,一旦实行行为,不需要"情节严重"即构成犯罪。

四、我国商业秘密司法保护

加强对商业秘密的保护,不仅是企业的呼声,而且是国家战略的需求。法律的修改、司法解释的配套以及行政政令跟进出台,反映了国家加大惩治侵犯商业秘密违法犯罪行为的力度,多重措施维护商业秘密权利人合法权益,打造保护知识产权的良好营商环境。商业秘密凝聚了企业在生产经营活动中创造的智慧成果,成为企业知识产权保护的重点。近年来,商业秘密侵权案件频发,员工"携密"跳槽、核心技术外泄、研发成果被盗……由于商业秘密的复杂性、侵权行为的隐蔽性,企业的商业秘密维权之路常常并不顺利。对于企业来说,商业秘密受到侵害,会削弱企业的竞争优势,使企业蒙受巨大的经济损失。当前,离职员工泄密、客户订单飞单、同行卧底窃密等现象在高科技企业普遍存在,如果任由这种行为蔓延下去,将打击企业创新的积极性,最终恶化营商环境。企业如果通过司法维权程序,司法行政等机关加大打击和处罚力度,可以最大程度地弥补企业所受损失,能够有效打击侵犯商业秘密的行为,使侵权人不敢实施商业秘密侵权行为,是对商业秘密的重要保护,也是对企业市场信心的重要保护。司法实践中,还可以将不履行法律责任的侵权人列入失信惩戒名单,压缩侵权人的生存空间,促使其自觉履行义务,推动社会信用体系建设,从而减少和预防泄密窃密行为的发生。

(一)进入诉讼程序的案件数量较少,认定构成侵权比例偏低

一个地区的创新能力越强,商业秘密保护案件的数量就越多,经济中心城市及沿海较发达地区是该类案件高发区,商业秘密保护案件大多集中在北京、上海、广东、浙江、江苏等地。但是据统计,全国每年审理的商业秘密侵权案件,无论民事还是刑事,数量都很少,商业秘密刑事查处案件数量在知识产权刑事案件中总体占比也比较小,这与企业反映的该类商业秘密侵权行为频发的现状存在较大的偏差。不过,近两三年法院审理的商业秘密纠纷案件数量有明显增长,反映出权利人对商业秘密司法保护的重视程度不断提高,但目前来看,商业秘密权利人的胜诉率还是不太高。

(二)侵犯商业秘密方式多样,但以单位内部员工违反保密义务,披露、使用或允许他人使用商业秘密居多

根据统计,商业秘密案件比例最高的是单位内部员工违反保密约定或违反权利人有关保守商业秘密的要求,披露、使用或者允许他人使用其所掌握的商业秘密的情形。商业秘密本身具有经济价值,单位内部员工利用工作之便容易获取该秘密信息从中换取利益,是该种行为高发的主要原因。因此,为避免泄密造成的巨大损失,权利人企业应当建立完备、严格的内控制度。

(三)单位侵犯商业秘密行为时,追责主体广泛,不仅限于技术人员

单位侵权商业秘密的,通常都会处罚直接实施侵权行为的技术人

员。另外，单位法定代表人、董事长、总经理、副总经理等高级管理人员也会受到刑事处罚，这是因为该类人员通常在单位侵犯商业秘密过程中起到决定、批准、纵容等作用。因此，单位在对技术人员进行防范的同时，更应加强对公司高管人员遵纪守法的教育。

（四）商业秘密民刑案件认定侵权困难

民事案件中，商业秘密权利人胜诉率（认定构成商业秘密侵权）仅大约三成，原告的举证难点主要在于争议标的构成商业秘密（是否有权利基础）、商业秘密的范围及秘密点的确定、同一性判断等方面。根据审理法院的统计，在商业秘密维权案件中，原告败诉的案件占大部分，举证不利是导致原告败诉的主要原因，有的原告提交的证据不足以证明涉案信息符合商业秘密的构成要件，原告收集证据证明被告存在侵权行为难度很大。

在刑事方面，同样遭遇举证难、定罪难的困境，只有不足10%的商业秘密案件最后走到了审判阶段，侵犯商业秘密有罪判决总体比率低，无罪判决率明显较高。从无罪判决的理由来看，一是对涉案信息本身是否属于商业秘密证明难度较大，特别是对涉案商业秘密是否具备非公知性的证明比较困难；二是商业秘密具有秘密性，侵权人为了获得商业秘密所采取的非法手段通常也极其隐蔽，从而导致权利人收集侵权人实施侵权行为的证据具有较大难度。

（五）侵犯商业秘密所造成实际损失的认定相对保守，认定损失数额偏低

商业秘密侵权行为具有隐秘性，侵权行为的取证存在较大的难度，使得评估侵权行为给权利人所造成的实际损失困难重重。法院在认定侵权行为给权利人造成的损失时，通常参考涉案商业秘密的研发成本、行为人违法所得以及涉案商业秘密技术许可费用等要素。行为人违法所得是法院主要参考要素。一方面是由于违法所得易于认定，另一方面是侵

犯商业秘密的行为并不必然导致涉案秘密被公开，从而丧失其秘密性或经济价值。侵害商业秘密纠纷案件的总体赔偿额仍较低，与商业秘密为企业带来的巨大商业价值不匹配。

（六）侵犯商业秘密罪的处罚力度相对较弱

针对构成侵犯商业秘密犯罪的行为，目前刑事处罚力度相对较弱。在商业秘密刑事案件统计中，绝大部分的被告人被判处三年以下有期徒刑，适用的罚金刑也普遍较低，绝大部分的自然人被判处的罚金数额在 50 万元以下。相对于被告人获取的商业秘密通常具备极大的经济价值而言，罚金刑整体数额偏低，说明目前我国刑事司法实践中对该罪的处罚力度相对较弱。

（七）商业秘密案件的和解率低

商业秘密主要涉及客户名单、配方工艺、图纸设计、技术数据等，商业秘密案件的双方当事人因为竞争关系激烈，往往导致双方激烈对抗，或者由于员工跳槽，影响到劳动者的就业和个人名誉，影响到单位的生存、发展和声誉等，原被告矛盾显得较为尖锐。因此，商业秘密案件的调解较为困难，从而导致调解成功率也较低。在法院作出一审判决后，败诉方提出上诉的比例也较高。

商业秘密的法律保护是一个多层面的系统工程，是一个包括立法、执法、司法以及权利主体自身合法经营在内的有机整体。因此，加强和完善我国商业秘密的保护，必须从立法、司法、执法等各个方面入手，从而形成一个健全有力的商业秘密法律保护机制，加大对商业秘密侵权行为的惩处力度，从而最大限度地弥补当事人所受损失，有效降低和预防商业秘密侵权行为的发生。

法律对商业秘密的保护，不仅是对商业秘密权利人的合法权益的保护，也是对公平合理的市场竞争秩序的保护，同时对促进科研水平提高、推动发展进步具有重要意义。在我国市场经济体制下，企业对商业秘密的保护缺乏应有的认识和重视，而有关法律法规又有待完善，企业应当强化商业秘密保护意识，采取积极有效的保护措施，做到防患于未然，这样不仅维护了自己的合法权益，而且能有效减少因进行诉讼而产生的社会成本。

作为企业，自身必须树立和加强商业秘密这种无形财产权的权利意识。在实际生产生活中，多数企业缺乏权利意识，对其所掌握的商业秘密缺乏适当的保密措施，从而疏于防范。一旦被他人盗取、披露和非法利用，就会给企业造成重大的经济损失，从而丧失了有利的竞争优势。因此，企业必须强化商业秘密的权利意识，明确保密的内容，实施有效保密手段，完善防范措施，比如与员工签订保密合同，同时建立与之相配套的能明确商业秘密具体内容的措施，通过保密制度、保密设备等软硬件的结合，避免员工或合作伙伴将商业秘密外泄，也使竞争对手等难以知悉企业的商业秘密。

第三章

商业秘密的概念、特点和构成要件

扫描图中二维码
查看本章思维导图

一、商业秘密的概念

商业秘密是伴随着私有制的产生和商品经济的发展出现的。在早期奴隶社会的农业和手工业作坊生产实践中，相关经营者在长期的生产经营活动中积累并逐渐形成了家传绝技、家传秘方等技术诀窍，并通过绝不外传等自我保护措施来获得竞争优势，这就是早期的商业秘密。近代商业秘密是市场经济高度发展的产物。在近代工业革命的爆发式发展和资本主义、市场经济追逐利益等因素的推动下，侵犯他人商业秘密的案件频发，维护市场经济秩序的正常运转将保护好商业秘密这一课题推上了世界经济竞争的舞台。我国传统的商业秘密大多以祖传秘方、秘密配方的形式存在，商业秘密的保护主要依靠持有人的严格保密和苛刻的传授，商业秘密一旦遭到破坏，没有任何法律救济途径。改革开放以后，随着市场经济体制的逐步建立，我国商业秘密的市场价值日渐显现，通过《中华人民共和国民法通则》（以下简称《民法通则》）、《中华人民共和国技术合同法》（以下简称《技术合同法》）、《民事诉讼法》等建立相应的法律体系对其加以保护。目前商业秘密主要是通过《反不正当竞争法》和《刑法》等法律加以保护。我国新修订的《反不正当竞争法》规定，商业秘密是指不为公众所知悉、具有商业价值并经权利人采取相应保密措施的技术信息、经营信息等商业信息。

技术信息主要包括与技术有关的结构、原料、组分、配方、材料、样品、样式、植物新品种繁殖材料、工艺、方法或其步骤、算法、数据、计算机程序及其有关文档等信息。有时多个不同设备本身属于公知范畴，但经特定组合，产生新工艺和先进的操作方法，也可能成为商业秘密。在公开的市场上购买的机器设备不是商业秘密，但是经公司的技术人员对其进行技术改进，使其具有更多用途或效率更高或成本更低，那么这个改进也可能属于商业秘密。

经营信息主要包括与经营活动有关的创意、管理、销售、财务、计划、样本、招投标材料、客户信息、数据等信息，主要包括：与市场密切相关的秘密的商业情报，例如原材料价格、销售市场和招投标中的标底及标书内容，还包括供销渠道、客户名单、产销策略等。

在传统商业秘密保护体系中，一般只保护两类商业秘密，即技术信息和经营信息。但随着社会的发展，法律关系日益复杂，企业参与市场竞争产生大量既不属于技术信息又不属于经营信息的商业信息需要保护。和旧法中商业秘密的概念比较，新法在包括"技术信息""经营信息"的基础上增加了"等商业信息"的内容，意味着只要符合商业秘密构成要件的任何类型的商业信息都可以成为商业秘密，不再限于技术信息和经营信息，为其他类型的商业信息构成商业秘密提供了法律支持。

二、商业秘密的特点

商业秘密权具有知识产权的本质特征，是对创造性智力成果给予保护的权利形态，但商业秘密又显著区别于一般的知识产权，具有自身的特点。

（一）商业秘密无需经过授权来确权，也没有相应的证书等权利证明，自商业秘密产生之日自动取得

不同于商标、专利的取得需要经过行政主管部门的审查授权，商业秘密的取得完全依靠权利人自行完成并采取保密措施进行保护。而且由于采取保密措施，在没有商业秘密纠纷案件发生的时候，社会公众一般是不知道权利人拥有特定商业秘密的。

（二）商业秘密的法律保护不具有确定期限

商业秘密权的保护期限在法律上没有规定，期限的长短取决于权利人的保密措施是否适当以及商业秘密是否被公开，只要商业秘密不外泄，就会一直受到法律的保护，理论上可以永久无限期获得保护。商业秘密实际存续时间长短与保密措施是否得当密切相关，一定程度上也和

技术的进步速度相关联。一些秘方、配方类的商业秘密，如果权利人采取的保密措施得当，比如可口可乐配方，该商业秘密可以一直作为知识产权被保护。

（三）商业秘密权的权利主体不是单一的

同样的商业秘密可能既为甲所掌握，又为乙所掌握，同一商业秘密的多个权利主体都可以对商业秘密进行占有、使用、处分和收益。商业秘密是一项相对的权利，不具有排他性，不像专利等知识产权一样，产生绝对的排他效力。如果其他人以合法方式取得了同一内容的商业秘密，他们就和首位权利人一样有着同样的地位和权益。商业秘密的所有者不能排除他人通过"自行研发"等方式合法取得相同的商业秘密，既包括不能阻止在所有者之前已经开发掌握该信息的人使用、转让该商业秘密，又包括不能阻止在所有者之后"自行研发""反向工程"等方式合法掌握该商业信息的人使用、转让该商业秘密。

（四）一次失密，则永久失密

商业秘密的核心基础是秘密性，也就是不为公众所知悉，其他的如价值性、保密性完全建立在商业秘密具备不为公众所知悉的基础上，如商业秘密遭到泄漏，被公众知悉，就失去了秘密性，商业秘密即不存在。这一过程是不可逆的，商业秘密一旦泄密，即永久失去了其作为商业秘密保护的基础，无论这种泄密是合法还是非法的，是权利人自己泄漏的还是他人泄漏的，失密的效果都相同。

三、商业秘密的构成要件

企业的商业秘密是关乎企业竞争成败的重要因素，往往是企业的经济命脉，如何判断企业的商业信息是否属于商业秘密，关键就是看是否符合商业秘密的构成要件。商业秘密必须符合"三性"："秘密性"（不为公众所知悉)、"价值性"(能为权利人带来商业价值)、"保密性"(经权利人采取保密措施)。上述"三性"就是商业秘密的构成要件。司法实践中,法院通常以秘密性、价值性、保密性三个构成要件作为商业信息是否构成商业秘密的判断标准。

(一)秘密性

这是商业秘密的核心特征,也是认定商业秘密的难点和焦点。法律规定的"不为公众所知悉"即指商业秘密的秘密性,是指权利人所主张的商业秘密没有进入公有领域,不属于公知信息或公知技术。"不为公众所知悉"应当理解为权利人主观上不愿为公众所知悉,客观上没有采取公开措施。秘密性是商业秘密与专利技术、公知技术最显著的区别特征,也是商业秘密保持其经济价值及获得法律保护的前提条件。一项为公众所知、可以轻易取得的商业信息,法律肯定无法给予商业秘密保护,不能把公知领域内的信息当作自己的商业秘密要求保护。秘密性不要求信息属于绝对秘密,只是相对秘密性。所谓相对秘密性,即指并非除所有人外绝对没有其他任何人知晓该商业秘密,而仅指在特定行业、特定地区、特定范围内不为公众所知悉。

商业秘密当然是不能从公开渠道直接获取的。所谓不能从公开渠道获取,实质上是要求商业秘密不能向社会公众公开,向特定的负有保密义务的人员公开不是向社会公开。一项已经公开的秘密,会使其拥有人失去在竞争中的优势,也就不能再获得法律的保护。常见的不属于"不为公众所知悉"的情形,包括以下内容:

(1)该信息在所属领域属于一般常识或者行业惯例的;

(2)该信息仅涉及产品的尺寸、结构、材料、部件的简单组合等内容,所属领域的相关人员通过观察上市产品即可直接获得的;

(3)该信息已经在公开出版物或者其他媒体上公开披露的;

(4)该信息已通过公开的报告会、展览等方式公开的;

(5)所属领域的相关人员从其他公开渠道可以获得该信息的。

对于技术信息是否具有秘密性的认定,若权利人主张保护的技术信息经鉴定机构鉴定,属于非公知技术、需付出一定代价才能获得,一般会被认定为具有秘密性。

对于经营信息是否具有秘密性的认定,若权利人主张保护的经营信息是通过公共渠道无法获得的信息,例如含有产品型号、价格及交易习惯、交易意向等信息的特定客户名单,一般会被认定为具有秘密性。

(二)价值性

商业秘密的价值性是指商业秘密能为权利人带来现实的或潜在的经济价值或竞争优势。商业秘密的商业价值,根据其研究开发成本、实施该项商业秘密的收益、可得利益、可保持竞争优势的时间等因素确定,一些表面上不能直接实施应用的方案和技术,例如,失败的研究数据、失败的经营方式和经营模式等,虽然不能带来积极的经济利益,但是能降低研发成本,减少研发的弯路,同样具有值得保护的商业价值。不具有经济价值而具有其他价值,如精神价值的信息,不构成商业秘密。

为认定商业秘密的价值性,权利人在主张商业秘密时,应该积极准备其商业秘密具有商业价值的证据。如对于技术秘密,可以是技术秘密的开发成本、许可使用费等证据。而对于经营秘密,则可以通过举证该经营信息属于区别于公知信息的特殊客户信息,并可以证明该经营信息是企业长期生产经营活动的积累、反映了公司的经营理念,能为公司带来竞争优势和经济价值等。

(三)保密性

商业秘密的保密性是指商业秘密权利人采取适当的保密措施,从而使一般人不容易从公开渠道获取。权利人对其商业信息采取了保密措施是确定权利人掌握商业秘密的重要条件。这里的保密性包含两方面的含义:第一,商业信息的所有人必须具有保密的主观意愿;第二,商业信息的所有人必须采取合理的保密措施落实自己的保密意愿。权利人通过对其商业秘密采取保密措施的方式,使其他人无法知悉商业秘密的具体内容。保密性强调的是权利人的保密意愿和保密行为，保密措施适当合理，而不是万无一失的保密结果。保密性的存在，使得竞争对手在正常情况下通过公开渠道难以直接获悉该商业秘密。

采取保密措施，是相关信息能够作为商业秘密受到法律保护的必要条件。这种措施应当是商业信息的权利人根据有关情况所采取的合理措施，常规的保密措施有与涉密人员或合作客户签订保密合同、针对保密信息设置访客管理、研发区域设置保密标识等。

对于是否采取保密措施进行认定时，人民法院应当根据商业秘密所涉及信息及载体的特性、权利人的保密意愿、保密措施的识别程度、他人通过合法方式获得的难易程度等因素，认定权利人是否采取了保密措施。具有下列情形之一的，在正常情况下足以防止涉密信息泄漏的，应当认定权利人采取了保密措施：

（1）签订保密协议或者在合同中约定保密义务的；

（2）通过章程、培训、规章制度、书面告知等方式，对能够接触、获取商业秘密的员工、前员工、供应商、客户、来访者等提出保密要求的；

（3）对涉密的厂房、车间等生产经营场所限制来访者或者进行区分管理的；

（4）以标记、分类、隔离、加密、封存、限制能够接触或者获取的人员范围等方式，对商业秘密及其载体进行区分和管理的；

（5）对能够接触、获取商业秘密的计算机设备、电子设备、网络设备、存储设备、软件等，采取禁止或者限制使用、访问、存储、复制等措施的；

（6）要求离职员工登记、返还、清除、销毁其接触或者获取的商业秘密及其载体，继续承担保密义务的；

（7）采取其他合理保密措施的。

采取保密措施是商业信息构成商业秘密的要件之一。这个要件要求，权利人必须对其主张权利的商业信息对内、对外均采取了保密措施，所采取的保密措施明确、具体地规定了保密信息的范围。对商业秘密保护措施采取的程度，我国采取合理原则，即只要权利人提出了保密要求，其员工或与权利人有业务合作关系的他人知道或应当知道权利人存在商业秘密，则此员工或合作者就应当承担保密义务。

四、客户名单的认定

经营秘密和技术秘密都属于商业秘密，主要区别在于技术秘密侧重指工业中的技术知识和经验；经营秘密则是指企业在经营管理中的知识和经验，除了工业、制造业外，还涉及旅游业、金融业等领域。技术秘密比起经营秘密具有更明显的财产价值，对技术秘密的认定相对来说比较容易，而经营秘密在构成条件上存在较多模糊的地方。司法实践中的商业秘密纠纷案件大多数涉及技术秘密，经营秘密案件所占比例很少，究其原因是经营秘密在构成条件的认定上难以把握，具有很大的不确定性，这使得经营信息想要成为商业秘密从而获得法律的保护困难较大。

经营秘密在司法实践中出现最多的就是客户名单，但并非只要跳槽员工带走了客户，就构成了对企业经营秘密的侵犯。商业秘密中的客户名单，一般是指客户的名称、地址、联系方式以及交易的习惯、意向、内容等构成的区别于公知信息的特殊客户信息，包括汇集众多客户的客户名册，以及保持长期稳定交易关系的特定客户。对于许多企业来说，经过自己长期跟进开发客户，获取客户的联系方式，了解客户的交易习惯，并通过总结客户需求形成的特有的客户信息，这些客户信息能给企业创造经济效益。判定客户名单是否构成商业秘密，可以从以下几个方面考虑。

首先，客户名单具有特定性。受法律保护的客户名单应是具体明确的、区别于可以从公开渠道获得的普通客户的名单。其内容不能限于客户名称、地址、联系方式等一般信息的汇总，还应包括不为公众所知悉的经营信息，比如客户的需求类型、交易习惯、经营规律、价格承受能力甚至还有客户对接人员的秉性脾气等区别于一般信息的深度内容。

其次，客户名单具有稳定性。受法律保护的客户名单应是权利人经过一定的努力和付出，包括人力、财力、物力和时间的投入，获得的在一定时期内相对固定的、有独特交易习惯内容的客户信息。

再次，客户名单具有秘密性。受法律保护的客户名单应是权利人采取了合理的保护措施以保护的客户信息，他人无法通过公开途径或不经过一定的努力和付出而获得。在司法实践中，有关信息不为其所属领域的相关人员普遍知悉和容易获得，应当认定为"不为公众所知悉"，包括将为公众所知悉的经营信息进行整理、改进、加工后形成的新的经营信息，因付出一定代价，在被诉侵权行为发生时不为所属领域的相关人员普遍知悉和容易获得的应当认定新的经营信息不为公众所知悉。

最后，审查客户名单是否构成商业秘密还应注意他人正当获取客户名单的难易程度。一般情况下，侵权手段难度越大，客户信息构成秘密性的可能性越大，比如采用黑客入侵、电话窃听、内外勾结等手段获得客户信息的，该经营信息被认定为商业秘密的可能性会大大增加。

如果仅以与特定客户保持长期稳定交易关系为由，主张该特定客户属于商业秘密的，人民法院不予支持，从而排除了仅保持长期稳定交易关系的特定客户被作为商业秘密予以法律保护的情形。客户名单的认定是商业秘密案件审判中的难点，客户名单并不是指简单的客户名称及联系方式，而是在长期稳定的交易过程中形成的交易习惯、意向等特定内容，即深度投入开发的客户信息。企业员工流动带走客户已成为企业商业秘密流失的重要方式，企业若不采取完善有效的管理措施对客户名单予以保护，在发生客户名单类商业秘密案件纠纷时就难以主张将客户名单作为商业秘密予以保护，从而导致维权难的尴尬局面。

第四章

商业秘密的取得

扫描图中二维码
查看本章思维导图

商业秘密权属于知识产权的范畴，那是否也像专利权、商标权一样需要提交申请文件，经过一定的法定程序才能取得，这是企业经营者所关心的话题。商业秘密权的取得是一种自动取得，即不需要履行任何审批手续，商业秘密一经完成，商业秘密的相关权利即自行产生。对任何人和企业以合法手段获取他人商业秘密，法律予以保护。商业秘密对于很多企业来说是生存和发展的根本所在，因此，对于商业秘密的管理，企业都表现出相当的重视。只要不违背正当竞争所应当保持的公平自愿等市场规则，就属于正当获得商业秘密。为理清获取商业秘密的正当和不正当之间的界限是什么，以下介绍几种合法获得商业秘密的途径。

一、独立开发

独立开发取得，包括通过自己或团队的智力劳动开发出来的商业秘密，也包括经过独立的技术开发获得与权利人相同的商业秘密。商业秘密权利人以外的人经过独立的技术开发获得与权利人相同的商业秘密的，不属于侵权商业秘密。这属于行为人的自我研发创造，获得了与在先商业秘密相同的商业秘密。这是行为人通过合法劳动取得的成果，行为人依法享有权利，也是国家鼓励创新而设立的制度支持。

商业秘密的权利主体具有多元性，一项技术秘密或经营秘密可以被两个以上互不相关的人分别研发出来，行为人只要没有抄袭，即使与他人产品相同，也不构成侵权。在这种情况下，享有该商业秘密权者无权禁止通过独立研发取得相同商业秘密的人享有商业秘密权利；后者同样可以采取相关保密措施保护自己独立研发所获得的成果而成为权利人。如果因为独立开发取得商业秘密而产生两个权利主体，并各自行使自己的权利，则双方互不构成对对方商业秘密权的侵害。

企业既需要自己员工进行开发，也可能遇到需要应用某一项技术而无法独自完成时，委托其他企业开发技术，委托开发等合作开发要签订委托开发合同。

（一）劳动关系下商业秘密的归属

劳动关系下商业秘密的归属分为职务技术成果的归属和非职务技术成果的归属。

1. 职务技术成果的归属

"职务技术成果"是指因为执行本单位的任务或者主要是利用本单位的物质技术条件所完成的发明创造为职务发明创造。比如说，设计公司的员工在工作期间为了完成本单位的任务而设计出来的图纸，就属于职务技术成果。根据《民法典》规定，职务技术成果的使用权、转让权属于法人或者非法人组织。

2. 非职务技术成果的归属

没有执行法人或者非法人组织的工作任务，也没有利用法人或非法人组织的物质技术条件所完成的技术成果，是非职务技术成果。根据《民法典》规定，非职务技术成果的使用权、转让权属于完成技术成果的个人，完成技术成果的个人可以就该项非职务技术成果订立技术合同。完成技术成果的个人有权获得因使用或者转让该项技术成果所取得的收益。法人或者非法人组织擅自以生产经营目的使用或者转让属于个人的非职务技术成果，是侵犯个人合法权益的行为。

（二）委托开发关系下商业秘密的归属

公司除了自行研发之外，也可能委托其他公司或科研机构研发技术。《民法典》规定，委托开发完成的技术秘密成果的使用权、转让权以及收益的分配办法，由当事人约定。由此可知，委托开发关系下商业秘密的归属由当事人自行约定，也就是说当事人可以约定委托关系下完成的技术成果属于委托人，也可约定属于被委托人。如果没有约定或约定不明的，委托人和被委托人都有使用和转让的权利。但是，委托开发的研究开发方不得在向委托方交付研究开发成果之前,将研究开发成果转让给第三方。

(三) 合作开发关系下商业秘密的归属

有时企业也会和其他公司和科研机构合作开发技术项目,以取长补短。《民法典》规定,合作开发完成的技术秘密成果的使用权、转让权以及收益的分配办法,由当事人约定。合作研发的商业秘密的归属由当事人自行约定,也就是说当事人可以约定委托关系下完成的技术成果属于参加合作开发的任何一方或几方。合作开发各方中,一方不同意申请专利的,另一方或者其他各方不得申请。

二、合法受让方式取得

(一) 合法转让取得

合法转让取得,即商业秘密权利人将自己拥有的商业秘密通过合同形式转让给受让人所有,自转让合同生效之日起,受让人取得商业秘密权。当事人应是在自愿的基础上达成的一致意思表示,且合同必须符合法律规定的形式。他人取得商业秘密权利人的合法受让后,即可依照约定成为商业秘密新的权利人。商业秘密在转让时,需要结合实际的内容来进行具体认定,由于商业秘密的不公开性,为了避免造成商业秘密的泄露,是需要达成一致意见后谨慎处理的,所以在签订转让合同时,需要明确相关规定,并对可以发生的违约责任进行约定。

合法转让取得商业秘密的行为包括权利人的直接转让取得和权利人的特殊转让取得。前者如与商业秘密权利人签订技术转让合同而取得商业秘密。后者可以通过无形资产投资、合作、联营等方式取得,这些本质上也都是经商业秘密权利人同意,属于合法行为。

（二）合法许可取得

他人取得商业秘密权利人的实施许可后，即可依照实施许可的约定，使用商业秘密。商业秘密的转让与商业秘密的许可使用的区别在于，转让意味着原商业秘密所有人权利的消灭。但通过这两种方式取得商业秘密权要采取书面的形式，因为商业秘密本身的秘密属性决定了法律在商业秘密保护上存在局限性，如果采用非书面形式，很难区分转让与许可的界限，原权利人可以借口约定不清楚而继续实施该商业秘密。商业秘密许可的种类包括如下几项。

1. 独占许可

被许可方在约定的期限内，在约定范围内有生产和销售的独占使用权，这种独占权也排斥许可方使用。双方达成合意后，许可方仅保留商业秘密的所有权和收益权，自己不能进行生产和销售，也不能再许可他人使用。

2. 排他许可

双方达成合意后，被许可方在约定期限内约定，除了许可方还可以使用商业秘密外，许可方不能再许可第三方使用。

3. 普通许可

被许可方不仅限于一家，在约定范围内可以许可多家企业使用其商业秘密。

4. 交叉许可

合同双方相互允许对方以一定条件使用自己的商业秘密，双方都可以从交叉许可中获取商业利益。

5. 分许可

通过许可双方的约定，被许可方除了自己可以实施商业秘密外，还拥有在约定范围内，对第三人再许可的权利。

6. 混合许可

既包括商业秘密的许可，又包括其他知识产权等权利的许可，比如专利、专有技术等的许可。

在商业秘密许可使用合同中，应明确合同当事人的权利和义务、违约责任的承担等。在商业秘密许可使用合同中，许可人的主要义务包括：许可人应当是该商业秘密的合法拥有者，保证在订立合同时该项商业秘密并未侵犯他人合法权益；按约定提供技术资料、进行技术指导和培训；承担合同约定的保密义务等。而被许可人的主要义务包括：在合同约定的时间和地点范围内使用该商业秘密；按合同约定支付许可使用费；承担合同约定的保密义务等。

三、反向工程

反向工程是指通过技术手段对公开渠道获得的产品进行拆卸、测绘、分析等而获得该产品的构造、成分等有关技术信息。商业秘密权利人以外的人，对市场上公开销售或者其他合法渠道取得的产品进行拆卸、测绘、分析，从而推导出该商业秘密的具体技术方案，不构成商业秘密侵权。反向工程一定是合法的吗？反向工程作为一种技术行为本身是一种中性行为，在商业秘密保护上既不必然合法，又不必然违法，是否合法主要看以下两点。

（一）反向工程的对象是合法取得还是违法取得

反向工程合法的前提必须是合法取得产品，通过公开渠道购买产品，是反向工程合法启动最常见的手段。企业通过购买产品取得产品物权，从而解剖、分析已经属于自己所有的产品，属于正当合法的竞争手段。但若派商业间谍潜入竞争对手企业内窃取产品，即使后续反向工程研发投入了人力物力，该行为也是非法的。

（二）反向工程本身是否违反约定义务

反向工程的对象是合法购买的，但购买者根据约定需要履行不进行反向工程的义务，这时虽然是合法购买的产品，但是由于约定优先，购买者丧失了反向工程的权利。反向工程的对象是合法购买的产品，购买者又没有不进行反向工程的义务，但进行反向工程者的员工对商业秘密权利人负有保密义务，这样的反向工程也是违法的。比如，一个企业雇用与商业秘密权利人约定保密义务的跳槽人员，来对商业秘密产品进行反向工程，该企业的反向工程就违反了保护商业秘密的法律规定。

通过反向工程获取技术秘密也是一个技术的研发过程，即企业获得他人产品的技术秘密依然是需要一个研发周期的，研发期间需要投入人员、资金等。该研发过程对于反向工程来说是必不可少的。所以，一方面，实施反向工程时，首先应保存好合法的证明凭证，如产品发票、供货合同等。然后，反向工程的每一研发环节均保留书面记录或照相、录像等，还要求有关研发人员机构签字盖章。最后，反向工程的研究结果和实物对象需要妥善保管，以便遇到法律纠纷后查证。

另一方面，对竞争对手产品进行反向工程，需要对参加反向工程的研发人员进行调查筛选，不能聘用可能接触过竞争对手商业秘密的技术人员参与反向工程，从竞争对手企业跳槽过来的技术人员更不能参加反向工程。这样发生法律纠纷时，才能避免竞争对手以此为理由推翻反向工程的合法性。

同时反向工程还要特别注意"黑箱封闭"的情形。所谓"黑箱封闭"是指含有商业秘密的产品出租、寄存时，产品的所有权并不发生转移，只是使用权、保管权暂时由租用人、受托人行使，这不同于产品出售，出租寄存时产品中包含的商业秘密权不发生转移。出租人、寄托人如果在合同中明确规定"黑箱封闭"条款，租用人、寄托人如果对产品进行反向工程，那既违反了约定的义务，又可能损害他人商业秘密，还可能损害他人的物权。

四、善意取得

商业秘密的善意取得是指第三人（商业秘密受让人）在取得商业秘密时确实不知道，也没有合理的理由应当知道出让人没有商业秘密处分权。主张商业秘密的善意取得，应当满足以下构成要件。

（1）第三人不是直接从商业秘密所有人，而是从无权处分人处获得商业秘密，否则，第三人合法拥有商业秘密权，无须适用善意取得制度。这个无权处分人可能是以不正当手段获取商业秘密的人，即以盗窃、利诱、胁迫等不正当手段获取权利人的商业秘密的人；也可能是违反法定或者约定保密义务的人，披露、使用或者允许他人使用其所掌握的商业秘密的人。保密义务既包括明示的保密义务也包括默示的保密义务。明示的保密义务是商业秘密权人和行为人约定保密条款，或对行为人明确提出保密要求；默示的保密义务是指根据法律、习惯等原因，即使双方没有明示的保密约定，行为人也应当承担保密的义务。

（2）持有人与第三人之间转让商业秘密的交易行为已经完成，且除持有人无处分权的瑕疵外，其他方面都合法有效。

（3）第三人主观上为善意，即要求第三人，也就是受让人，不知道让与人无处分权且第三人无重大过失。这是判断第三人构成善意与否的重要标准。如果在发生转让的过程中，第三人明知或者由于重大疏忽应当注意而没有注意到转让人的无权转让，则不适用善意取得制度，第三人构成对权利人商业秘密的侵犯。

（4）须第三人支付了适当的对价。即第三人按照公平交易原则对无权处分权人支付了合理的对价才取得相关商业秘密的所有权。如果第三人获得相关商业秘密并没有支付对价或者仅支付了很少的对价即取得商业秘密，则通常会认定双方之间并非真正的市场交易行为，很难认定其为善意，不应受善意取得制度的保护，应当承担侵犯商业秘密的法律责任。

　　善意第三人的认定和归责，我国法律未给出明确的规定和解释，这给司法实践带来了困难。商业秘密纠纷案件应综合考虑善意第三人与商业秘密权利人之间的权益关系，保护善意第三人的合法权利，尽量做到社会各方面利益的平衡。商业秘密作为知识产权的一种，是属于权利人才能享有的，具有商业价值并被其采取保密措施的特定商业信息。强有力的法律保护有助于权利人充分利用自己的商业秘密追求市场利益的最大化，激发权利人不断进行技术创新，重视企业经营管理，从而研发制造更多的商业秘密，促进社会经济的增长。但过分的保护会助长经济发展中的垄断，严重的会扼杀科学技术的发展进步。善意取得人主观上并非有意取得该秘密，而是可能由于商业秘密权利人的某种疏忽，使善意取得人在无侵权故意的状态下了解了该商业秘密，故善意取得人对商业秘密的使用不应构成侵犯商业秘密。

第五章 商业秘密保护与专利保护

扫描图中二维码
查看本章思维导图

企业对自身技术成果进行保护，专利和商业秘密是常用的两种形式，两者都可以为企业有价值的技术信息提供法律保护。那么，在两者之间选择合适的保护形式，对于企业的战略布局和运营具有重要意义。有些企业对知识产权一知半解，误以为知识产权都是要保密的。其实在各类知识产权中，唯一全程需要保密的就是商业秘密，而其他的知识产权恰恰相反，包括专利保护，必须公开才能主张权利。

商业秘密与专利保护的都是智力劳动成果，即商业秘密保护所有人的技术秘密，这种技术秘密是一种未公开的技术信息，而技术信息的专利保护主要是靠发明专利和实用新型专利，从而保护发明家通过创造性的脑力劳动所获取的技术创新，同样是一种技术信息。同时，商业秘密与专利保护强调的都是对技术方案一定程度上的专有权和支配权。

一、商业秘密保护与专利保护的差异

（一）取得方式不同

专利需要依法定程序申请并获得授权，对技术方案而言，主要是通过申请专利进行保护。对商业秘密而言，无需经过特别程序和审批，主要依靠公司内部保密措施。商业秘密权同著作权人自完成之时享有著作权一样，自权利人创造出该技术秘密之时就取得对该技术秘密的所有权，而专利权人必须经过专利主管机关的审查授权，而且专利权一般遵循先申请原则，只有先进行申请且得到授权的才能成为权利人。

（二）二者的存在方式不同

专利权的获得以技术方案的公开为前提，而技术秘密是不向社会公众公开的。技术秘密的所有人要想享有商业秘密的权利，必须保证商业秘密的保密性，即不得使商业秘密公开，已经公开的技术信息不能作为商业秘密保护。但是技术方案的所有人要想取得专利权，必须将完整的技术方案公开。

（三）对技术方案的创新要求不同

授予专利权的发明和实用新型，应当具备新颖性、创造性和实用性，对技术方案有较高的要求。按照商业秘密获得法律保护的要求，需要技术信息不为公众所知悉，采取保密措施，能够为企业带来商业价值，但对技术本身的创造性程度并没有硬性要求。

（四）保护期限不同

只要所有人维持技术信息的秘密性，商业秘密权就可以无限期地延长下去，但是专利权一旦被授权后，自申请之日起开始计算保护期限，保护期限届满后，该技术思想就会进入公共领域，能够为公众自由地使用。发明专利权的保护期限为二十年，实用新型专利权的保护期限为十年，均自申请日起计算。

（五）维护成本的构成不同

专利权的持续有效以按时缴纳年费为前提，如果不按时缴纳年费，则专利权利终止。商业秘密不需要向任何部门缴纳费用，但是企业需要支付采取保密措施的成本，包括商务合同、保密制度、计算机系统、保密标识和场所、涉密人员等方面的支出。

（六）排他性程度不同

商业秘密的排他性体现在禁止第三人利用非法手段获取权利人的商业秘密，禁止负有保密业务的人泄露商业秘密。商业秘密并不排除他人通过独立的研发取得与自己商业秘密相同的技术方案。而技术方案一旦成为专利权，在获得授权的地域范围内就具有绝对的专有权，相同的技术方案只存在一个专利权，即使其他人之后通过独立研发掌握了同样的技术也不能成为新的专利权人，当然也不能实施专利。因此，商业秘密权的排他性是相对的，而专利权的排他性原则上是绝对的。

（七）举证责任不同

专利权是经过专利主管机关审查授权的，专利的保护范围以权利要求书为准，同时说明书具有解释作用，所以专利权人遭遇专利侵权纠纷，专利证书、权利要求书等权利证明文件是现成的，收集证据的重点放在证明存在侵权行为即可。商业秘密没有审查授权的主管机关，商业秘密权利人遭遇侵权纠纷，不仅要证明存在侵权行为，还需要先证明自己享有商业秘密权。因此，二者在侵权诉讼中所承担的举证责任是不同的。

（八）侵权抗辩理由不同

当商业秘密权利人或专利权人主张追究侵权人的法律责任时，商业秘密纠纷案件的被告如果能够证明自身是通过独立研发而获得该技术信息或原告主张的权利不符合商业秘密构成要件，则不需要承担法律责任。而专利纠纷案件的被告大多通过提出专利无效来抗辩，如果能成功无效原告的专利，则被告不构成专利侵权，不需要承担侵权的法律责任。

二、商业秘密保护与专利保护相比之下的优劣

（一）商业秘密优势

1. 保护范围广

商业秘密的保护对象是"技术信息、经营信息等商业信息"，甚至可以对未完成的技术方案提供保护。而专利保护的对象不包括经营信息，技术信息也仅限于一部分内容，即符合发明、实用新型等专利保护要求的部分，其他的技术信息则不予保护。

2. 地域无限制

商业秘密主要是权利人采取保密措施进行自我保护，是没有地域限制的，在国内外都具有效力，比如可口可乐的配方选择商业秘密保护，在全世界都是商业秘密。专利保护是需要依法向专利主管机关申请，被中国授予的专利权仅在中国范围内有效，若想在其他国家对同一技术享有专利权，必须依据其他国家的专利法律，按照法定程序递交申请，审查通过后才能授予专利权。

3. 保护无期限

只要商业秘密权利人采取的保护措施足以使商业秘密不被泄露，就可以无期限地获得商业秘密带来的经济利益。而专利则明确规定了保护期限，根据《中华人民共和国专利法》（以下简称《专利法》）规定，发明创造包括发明、实用新型等，保护期限分别为20年或10年，即一旦发明创造获得专利权后，最多只能获得20年的法律保护，超过专利保护期限，企业的发明创新即成为社会公共资源，任何人都可以无偿使用。

4. 不需缴纳年费

商业秘密权利人可以根据商业秘密价值的大小，灵活决定如何保密，保密成本包括建立保密制度、员工保密教育，签订保密协议等支出。而专利权人应当自被授予专利权时开始缴纳年费，且年费逐年递增，不缴纳年费的，专利权在期限届满前终止。

5. 获得保护程序简单

对于商业秘密保护来说，只要企业采取合理的保密措施，就可以得到法律保护，不需要递交申请、审查创造性、技术公开等烦琐程序。而获得专利保护就复杂多了，专利申请人需要依照《专利法》的规定准备申请材料，经过审查程序后，确定符合授予专利权条件的，才获得专利权。

6. 不破坏秘密性

采取商业秘密方式保护不需要公开商业秘密,避免了他人在参考原有商业秘密的基础上创造出更具有竞争力的商业秘密,从而影响原商业秘密的优势竞争地位。而获得专利保护必须将发明创造公之于众,技术一旦公开就不能禁止他人参考已公开的技术信息,从而他人可能研发出具有更高价值的先进技术,对专利权人的竞争地位构成威胁。

7. 保护门槛低

商业秘密保护门槛低,专利保护的门槛高。授予专利权要求新颖性、创造性和实用性。由于授予专利权的门槛比较高,很多技术信息因达不到专利要求而被驳回申请。与专利相比,商业秘密的新颖性和创造性要求都比较低,"不为公众所知悉"仅仅要求商业秘密不为相关公众普遍知悉。

(二)商业秘密劣势

(1)一项创新产品中所包含的商业秘密,其他机构和个人能够对它进行反向工程拆卸、测绘、分析,挖掘技术秘密并有权去使用它。

(2)商业秘密被公开后,任何机构和个人都有权获得并使用它。

(3)商业秘密的保护难度较大,现阶段各地商业秘密的保护水平和力度参差不齐,而且知悉商业秘密具体技术信息的机构或个人都有可能申请专利保护,从而将权利人的商业秘密公之于众。

三、商业秘密保护与专利保护的选择

(一)从技术方案的创新高度考虑

如果企业研发出来的技术成果创新性不足,即使经过改进也难以申请专利的话,那么可以将其作为商业秘密保护。如果是创新性高、被授予专利可能性高的选择专利保护，那么可以发挥专利保护模式的优势。但专利申请必须考虑因为不具有新颖性、创造性而不能授予专利的情形，如果申请专利被驳回，技术方案又已经被公开，那么技术信息所有人就失去了对该项技术信息的专有。因此，对于因创新性低而导致被授予专利权可能性低的技术还是应采用商业秘密保护。

（二）从技术方案的价值考虑

技术成果的商业价值是重要考虑因素。因为企业需要每年支付专利年费，才能保持专利的有效性，因此要考虑在专利保护期限内所获得的市场收益是否大于专利年费等维护费用。如果技术成果的市场价值巨大，消费者需求量大，市场收益远高于专利维护费用，则应当申请专利保护。如果技术成果市场价值现阶段较低，消费需求量不大，企业就可以考虑采用商业秘密方式保护该技术方案。

（三）从技术保护的生命周期考虑

现代科技发展迅速，企业应评估技术获得法律保护的生命周期。专利保护是有期限的，如果产品生命周期较长，会长期源源不断地为企业带来经济利益，那么应当采用商业秘密的保护方式。如果采用专利保护，一旦保护期届满，那么该技术方案必须进入公共领域，任何人都可以免费使用，对于权利人而言无疑是一种损失。但如果采用商业秘密保护，只要权利人采取的保密措施得当，能有效防止商业秘密的外泄，那么依然可以长期维持权利人拥有的市场竞争优势。

（四）从反向工程难易程度考虑

选择商业秘密保护的技术应当不是很容易通过反向工程所获取的技术，否则商业秘密很快就不再受法律的保护。对于容易被其他企业反向工程获得技术的具体内容，也就是其他企业通过对产品进行解剖和分析，能够轻易得出其构造、成分等，企业最好选择专利保护。如果其他企业很难通过反向工程而知悉该技术，那么，企业最好选择商业秘密保护。

（五）从维权措施考虑

商业秘密一旦被泄露，就无法再用商业秘密方式保护，也无法再申请专利，对客户造成的损失是巨大的，只能通过有效的诉讼策略积极维权以减少损失并追究侵权人的法律责任。专利被侵权后专利仍然有效，但还是需要分析制定恰当策略，以最大限度保护企业的市场竞争优势。不可否认的是，如果专利能够获得授权，在保护期内，专利权在一定程度上能够维持权利人对技术方案的垄断实施，同时能够通过司法等途径有效获得赔偿。但是作为商业秘密，不仅可能在同一技术信息上存在多个权利人，丧失独占的垄断竞争优势，而且即使在侵权之诉中获得了胜利，但是由于商业秘密已经外泄公开，那么商业秘密就不再具有秘密性了，也就丧失了权利价值。

（六）从产品的收益期考虑

一项产品收益的实现是在研发投入期、生产经营期或后续开发期，对产品技术的保护形式影响重大。如果一项产品在研发投入期就需要进入市场抢占先机，那么商业秘密的保护模式无疑要优于专利保护，因为专利保护自申请至授权经历的时间较长，而且在研发早期的技术方案常常会因为创造性不够等原因而得不到专利授权。在研发阶段进入市场一般是为了快速高效地抢占市场份额，技术研发也可以根据市场反馈予以改进，从而在市场上获得较大的市场份额。而且专利保护必须公开技术。而在研发投入期，技术难度常常不高，竞争对手从公开的专利文献中了解了技术细节，很容易赶超。而在生产经营期，则可以考虑专利和商业秘密共同保护方面，企业可以尽可能采用将核心技术作为商业秘密保护，核心以外的周边成果可以申请专利予以保护。在后续开发期，为了提升技术门槛，避免其他企业竞争，则可以考虑多申请专利，通过单独创新点申请、创新点组合申请和创新点的拓展申请等，在产品的技术方案上全面获得专利保护，形成专利池，而后续开发的新技术，则可以通过商业秘密保护，以获得产业控制的垄断优势地位。

企业研发出来的科技成果，既可以选择专利保护，又可以选择商业秘密保护，但是两者具有不同的优势和劣势，所以最好是选择将两者结合，根据技术方案的实际特点，以及企业的经营策略，针对不同的技术方案选择更适宜的综合保护措施。

企业要善于根据技术成果特点和市场环境的不同，选择不同的保护方式，不能一刀切。很多企业在刚刚取得科研成果后，都会首先想到申请专利保护，认为科研成果一旦获得专利权就万事大吉了，但是实际并非如此，有些企业正是因为选择了专利保护的方式而丧失了竞争力最终导致关门大吉。企业做出错误选择的原因就是不清楚商业秘密保护与专利保护各自的特点和优劣，所以无法做出正确的商业判断。在商业竞争中，企业先进的技术常常意味着巨额商业利润，所以一些公司和个人总是想方设法采取各种手段企图据为己有，这也是现代商战中残酷无情的一面。因此，技术权利人要引以为戒，选择合适的方式保护自己的技术信息，时刻警惕，避免技术秘密外泄。

第二部分

企业商业秘密合规

本部分简介

企业知识产权的产生包括向国家机关申请获得权利和无须申请，完成即产生权利两种。众所周知，对于专利和商标等知识产权来说，只要企业在国家知识产权局申请注册成功后，任何单位和个人将不得侵犯企业的专利和商标权。与专利和商标不同，企业无须将商业秘密在任何一个国家机关进行申请而受到保护，企业完成即获得保护，自身需要采取措施防止泄密。从这个方面来说，为了保护企业竞争优势，制定完善的商业秘密保护制度的价值胜过专利商标保护的价值。

制定商业秘密保护制度的前提是知道存在哪些泄密途径，因此本部分第一章为企业常见泄密途径。笔者从内部员工、外部交流、办公过程等方面总结常见的泄密途径，希望读者从中了解企业经营过程中的泄密风险点主要集中在哪些地方，从而有的放矢采取保护措施。

在本部分第二章中，笔者从宏观角度介绍了企业在构建商业秘密保护体系过程中通常存在的问题，以及对体系构建所应把握的基本原则给出建议，从而使企业经营者能够先从整体上把握商业秘密制度建设的思路，为制定具体措施打好基础。

对于商业秘密的保护，总结而言是管人、管物、管事三个方面。第三章至第八章分别从不同角度详细介绍常见且有效的保密举措。其中第三章是实践中最常见的保密措施，即签订保密协议等相关文书。保密协议是约束各方当事人权利义务的基本依据，也是在后续侵权诉讼中应当提供的关键证据。笔者在该章介绍了不同类型保密协议应当包含的内容，并给出具体示范，供读者参考。第四章为企业商业秘密的定密分级，旨在指导企业管理者以及相关法律工作者合理圈定企业的商业秘密范围，明确保护对象。第五章为涉密人员的管理，笔者在此介绍了对涉密人员从入职、在职、离职全流程的管理，不同于普通员工的管理思路。第六章为涉密场所的管理，包括如何界定涉密场所、应当坚持怎样的管理原则、采取怎样的具体管理措施等。第七章为涉密载体的管理，通过对涉密载体从制作到销毁整个过程的监管，避免涉密载体流入公共领域导致泄密后果。第八章为异常行为的识别与监控，任何企业即使制度设置再完善，也不可避免存在泄密风险，该章详细介绍常见的异常行为，读者能够作为参考进行重点监控，及时发现并制止泄密行为，降低泄密损失。

第六章 企业常见泄密途径

扫描图中二维码
查看本章思维导图

企业是市场竞争的主体，商业秘密是企业重要的无形资产，是企业的生存线和动力源。如果企业的商业秘密被竞争对手窃取，企业将会丧失市场竞争优势，后果不堪设想。保护好商业秘密对企业来说至关重要。企业需要在商业秘密方面提高保护意识、建立保护制度、加强保护措施、堵住泄密途径，才能有效防止商业秘密泄露。如果企业管理不善，内、外部都可能存在泄密风险。

一、内部员工泄密

大部分的商业秘密泄露案件都是由企业内部员工造成的，内部人员因为利益、待遇等原因，可能会出卖企业保密信息去获取不正当利益。内部员工的渎职、懈怠是导致企业商业秘密保护制度运行受阻的重要因素，给企业保密制度带来严峻考验。

（一）有些员工利用职务之便实施窃密、泄密行为

许多行业竞争对手为了掌握企业的核心机密，趁企业还没有采取完善的保密措施或虽然采取了保密措施但仍存在较多漏洞之机，利用企业员工的贪财、虚荣等心理，以金钱贿赂等不正当手段诱惑他们去实施窃密、泄密行为。这些企业内部员工利用自己工作上的便利条件，获取自己企业研发、采购、加工、销售等多方面的商业秘密，提供给竞争对手企业以换取个人利益。

（二）在外兼职人员也容易实施泄密行为

有些本单位工作人员在职期间私下从事兼职活动，如果该兼职内容与本职工作存在某种关联，就容易导致该工作人员有意或无意利用本单位的技术资源或经营资源等，在其他单位从事同类型工作，从而将本单位的商业秘密泄露给了其他单位。也有可能拥有商业秘密的企业在雇佣

兼职人员或实习人员时，缺乏严格的管理，导致这些员工将在工作期间接触到的商业秘密带出企业，造成商业秘密的泄露。

（三）员工培训等活动也可能成为商业秘密泄露的途径

新员工进来后，很多企业会为新员工创造培训、分享等机会，以便新员工能够更快更好地融入本企业。从入职开始，很多公司采取培训会、分享会等形式，将企业或部门近期业务情况、客户信息、客户喜好、研发进度、工作成果等内容拿来分享。培训和交流是好事，但如果毫无保留地分享企业信息，也容易造成商业秘密的泄露。因此在培训和交流之前，讲师应当提前与部门负责人沟通，了解哪些内容可以公开，哪些内容需要保留，在此基础上做到有条件、有保留地分享。若确有需要披露的商业秘密，也应当要求参会人员签订保密协议，明确提醒参会人员的保密义务，做到知悉范围最小化，避免企业的商业秘密外泄传播。

（四）员工离职是造成企业商业秘密泄露最常见的途径

有些掌握了企业重要商业秘密的关键员工，由于缺乏必要的法律知识，不知道工作期间利用单位物质技术条件完成单位指派的工作而形成的技术成果归属单位所有，以为只要是自己研发的技术成果均属于个人，在该员工离职并进入新单位后将该技术成果在新单位使用，导致泄露原单位的商业秘密。更有甚者，在准备离职时就开始故意接触其本职工作之外的商业信息，通过拍照、录像、拷贝等方式获取原单位的技术图纸、原料来源、客户名单等商业秘密，离职时带走原单位商业秘密，将其作为进入新单位的谈判筹码。

何某原系北京A软件股份有限公司综合开发部副主任、刘某原系北京A软件股份有限公司应用开发部副主任，二人负责公司项目的开发和应用技术支持等工作，二人都与公司签订了保密协议。之后，何某、刘某先后从该公司离职，并在同期与臧某等人共同出资成立了北京B软件技术有限公司，何某负责技术开发，刘某负责项目实施。随后两三年的时间里，北京 B 软件技术有限公司向广州市 C 设计有限公司、青岛市 D 设计研究院有限公司、北京 E 建筑规划设计有限公司、F 国际工程咨询（中国）有限公司等多家公司销售其研发的管理信息系统，销售数额巨大。经鉴定，北京 B 软件技术有限公司销售的管理信息系统与被害单位北京 A 软件股份有限公司的软件系统构成实质性相似。何某、刘某在 A 公司工作期间曾接触并掌握该公司管理信息系统的部分技术信息，案发后在公安机关起获的 B 公司服务器等电脑中发现了 A 公司的技术信息，B 公司销售给客户的软件中存在与 A 公司相同或实质相同的技术信息，这些技术信息属于 A 公司已采取保护措施的商业秘密。最终，法院判决何某、刘某等人构成侵犯商业秘密罪并判处相应刑罚。这起案件就是典型的离职人员侵犯原单位商业秘密的情形。

（五）企业的退休人员被其他单位聘用，导致泄露原单位商业秘密

一些企业的人员退休后，因为自己掌握原单位的商业秘密，重新被其他企业高薪聘用，从而导致原单位的商业秘密外泄。这与前述离职员工泄密情形类似，不同点在于，对于离职员工的泄密风险，企业可能会重点关注，采取相应措施，降低泄密风险；但是对于退休员工，特别是退休多年的员工，企业往往疏于监管，泄密后很难及时发现，也因此会导致更加严重的危害后果。

二、对外交流的泄密

企业的生存离不开市场运营，企业不仅要与供应商、客户等合作伙伴往来，还要与宣传媒体、会计师事务所、律师事务所、广告公司等多方主体进行沟通交流，不仅要交流生产、经营信息，还时常会组织参观、采访等活动，这一系列外部商业活动也是商业秘密泄露的高危风险区，企业应当加强规范管理，防止泄密的发生。

（一）供应商、客户等合作伙伴泄密

企业经营过程中必不可少会接触上游的供应商、下游的客户或者委托外单位从事某些加工工作，或者与外单位合作完成技术开发项目。在这个过程中，各企业之间往往互相交换相关技术信息、经营信息等商业信息，这就容易造成企业商业秘密的外泄。若不明确告知合作伙伴哪些信息属于商业秘密，哪些信息属于公开信息，合作伙伴无法识别保密信息的内容、范围，就容易导致泄密的发生。因此，在合作谈判初期以及涉密信息交换过程中，企业应当及时签订保密协议，提醒合作方保密义务，并具体约定违约责任，最大限度地保证合作方遵守保密义务。

（二）在参观、采访等对外活动时因疏忽而导致泄密

对外交流也是企业的重要活动，接待外来人员参观有助于企业之间的商业合作，接受媒体采访等活动有助于改善企业的公众形象，但同时也会带来泄密的风险。在对外交流过程中，企业会对业务发展、研发进度、市场展望等情况进行介绍，或在接待外来人员采访、参观、考察中带领外部人员进入实验室、生产车间等涉密场所，若没有保密意识或者未采取相应的保密措施，往往会导致商业秘密泄露。

（三）在展览会、论文发表等公开途径中因疏忽而泄密

企业在参加国内外展览会或者行业交流会时，参会的企业技术人员很乐意把自己最新的研究成果向国内外同行展示，一方面可以和同行交流探讨，另一方面能够证明自己的学术能力。但这也意味着该技术信息在展示后会进入公共领域，企业无法再主张享有该商业秘密的所有权。同样，许多技术人员在完成研发获得技术成果后，往往希望通过发表论文的方式展示自己的研究成果，或者为完成单位要求的论文发表数量而发表论文，但如果缺乏保密意识，在论文中披露过多技术细节，也容易造成商业秘密的泄露。

三、日常办公过程中存在的泄密情形

日常办公是企业员工的内部行为,包括电子邮件、打印复印、员工培训会议、卫生清洁等,这些工作细节往往被企业忽视,但被忽视的地方,常常是商业秘密泄密的风险所在,值得引起企业重视。

(一)电子邮件存在的泄密情形

如今电子邮件已经成为我们日常工作中必不可少的办公工具,电子邮件有方便快捷的优势,但若未尽到合理的注意义务,电子邮件也会成为泄露商业秘密的重要途径。首先,电子邮件存储在企业的服务器上,而服务器的安全性会牵扯到整个企业的信息安全。一旦服务器存在漏洞或者遭受黑客攻击,就会造成邮箱账户、密码等信息的泄露,这就要求企业加强电邮服务器的安全检查与维护。另外,电子邮件在传输过程中如果缺乏有效的保护,也会被黑客钻空子,导致电子邮件被拦截、被窃听甚至被篡改。而且在这种情况下,收发邮件双方常常都难以觉察,所以应当对重要电子邮件传输的文件内容采取加密手段,使得互联网黑客即使拦截了电子邮件,也无法打开邮件,无法解读邮件内容,这样才能有效保护企业的商业秘密。

(二)办公设备的泄密

打印机、复印机、传真机这些办公设备一般放在一个相对集中的空间,供企业员工共同使用。在传输、复印、扫描文件过程中,这些办公设备必然留有痕迹或者存有备份,很多属于商业秘密的信息就留在了办公设备的存储器上,有心之人稍微采取手段便能够从办公设备中提取这些商业秘密。所以,企业应当培训并要求涉密人员规范使用办公设备,确有必要的,可以考虑配备加密打印机、加密复印机、加密传真机,单独管理并限制使用权限。涉密文件的处理,只能使用加密办公室设备,严格禁止使用普通办公设备。企业还应当安排专门的涉密人员负责涉密文件的传输、打印、扫描，不能让非涉密人员随意代劳。

（三）移动存储设备公用会导致泄密

工作中，大家经常使用 U 盘、移动硬盘或者笔记本电脑。在企业里，如果别有用心的人把自己个人的 U 盘借给公司的财务使用，在财务使用完毕归还 U 盘的时候，这个"有心人"就可能采取技术手段轻易获得企业的重要财务数据。有的商业竞争对手就通过这种方式去获取竞争企业的商业秘密。因此，涉及单位内部敏感商业信息的，一定要使用企业专门的移动存储设备。在使用过程中，员工不得将企业的移动存储设备和个人的移动存储设备混用，混用也非常容易造成泄密。而且移动存储设备使用完毕要及时交回单位登记，在交回之前，要做好涉密电子文档的清除工作。

（四）废弃文件、垃圾文件的处理不当会导致泄密

因为管理上的疏忽大意，企业对废弃文件、垃圾文件处理不当也会导致泄密发生。商业秘密还常常存在于容易被忽视的废弃文件、办公废品等废弃物当中。这些废弃文件中往往含有企业员工信息、企业财务资料、产品设计图、销售报表等高度机密的商业数据，一旦被居心叵测的人利用，企业将面临巨大的商业风险。曾经有这样的真实案例，一个单位在搬迁新办公楼前，单位领导安排办公室工作人员负责整理销毁有关文件资料。由于这名工作人员刚参加工作，对保密业务工作不熟悉，他直接叫来废品收购人员，将清理出来的文件资料和单位的旧报刊一起卖给了废品收购人员，之后他发现卖出的废品中夹带了一份秘密文件，这就给单位带来了极大的泄密风险。大部分企业的保密意识还比较薄弱，常常是将企业的废弃文件直接卖到废品回收站或者扔到垃圾桶，结果就给企图窃取商业秘密的情报人员提供了充足的信息来源。企业废弃文件等资料不仅要妥善保管，而且要做到合规销毁。涉密文件的销毁一定要

按照销毁流程,交给专业的机构处理,不能马虎大意,否则将一失足成千古恨。

四、对于企业泄密途径采取的保护策略

企业对商业秘密的保护,最根本的是要落实保密制度。如果没有完善的保密制度,那么商业秘密不但极易外泄,而且被泄露后也难以获得法律救济。实践中一些企业将商业秘密混同于国家秘密,保密标准太高,这样会使很多商业秘密无法纳入保护范围。还有一些企业在商业秘密保护观念上,存在对外保密对内不保密的倾向,忽视了对本单位员工在商业秘密保护上的有效管理。借鉴国内企业保护商业秘密的成功经验,企业商业秘密的实用保护策略可由以下内容构成。

(一)明确企业商业秘密的内容,确定商业秘密的等级

企业商业秘密内容丰富,包括大量未公开的技术情报、经营情报等商业信息。企业对这些信息资料首先要做到心中有数,也就是说,我们需要识别这些信息资料是否都属于商业秘密,哪些不属于商业秘密,哪些属于商业秘密。其次,属于商业秘密的保密信息也有主次之分、核心与非核心之分,企业应当对它们进行分类,进而确定商业秘密的等级。通常,可将本企业的商业秘密分为核心商业秘密和普通商业秘密。一般被企业作为核心商业秘密的包括不申请专利的技术发明、独家的产品、加工工艺等具有高价值的机密商业信息;普通商业秘密包括一般性的技术图纸、实验数据、财务数据、销售数据等商业信息。

(二)制定企业商业秘密管理制度,落实企业商业秘密保护措施

在明确企业商业秘密内容和等级的基础上,企业应进一步制定商业秘密管理制度,并在日常工作中实际落实保密措施。商业秘密管理制度

包括一整套运行有效的管理系统，比如增强保密意识、进行保密培训、完善保密制度、落实保密措施，以及对本企业员工与非本企业员工的保密约束等问题。一般来说，企业商业秘密管理制度及保护措施的落实主要包括以下内容。

1. 明确企业商业秘密保护的专职管理人员

企业决策层中应确定主管商业秘密工作的领导成员，配备专职管理人员负责企业商业秘密的具体管理工作，企业各部门则应确定商业秘密管理责任人，以健全企业商业秘密管理制度的人事安排。在设立专门知识产权管理部门的企业，商业秘密保护工作应纳入知识产权管理部门工作范围之列，由该部门负责加强对本企业包括商业秘密在内的有关知识产权培训，提高企业全体员工保护商业秘密的意识。

2. 建立保护商业秘密的各项制度，使企业商业秘密保密管理规范化

在企业的管理制度中应将商业秘密作为重要内容加以规范，完善的企业保密制度受到国家法律的保护，建立运行有效的商业秘密保护机制是企业保护商业秘密的制度保障，凡是有可能使商业秘密泄露的情形都应有相应规则加以防范。完善的商业秘密保护制度有利于明确员工对企业的保密义务，便于员工在本职工作中自觉维护企业商业秘密。企业保护商业秘密的制度应包括以下内容：企业商业秘密保护机构、人员及职责，商业秘密申报程序、审查程序及机构，商业秘密使用、转让、解密、销毁制度，商业秘密档案管理、商业秘密争议解决制度，保密工作奖惩制度等。

（三）与本单位员工订立商业秘密协议

从司法实践看，商业秘密由本企业内部人员泄露出去的比例很高，因为他们更容易接触到企业的商业秘密，特别是本企业的高层管理人员、高级研究与开发人员、营销人员等，他们往往掌握着企业核心商业

秘密。为此，企业应加强对涉密人员的管理，员工入职企业时要进行背景调查，通过对员工过往工作经历和材料的调查，判断是否值得信任、是否可以从事涉密工作。通过背景调查后，员工入职时要签订包含保密条款的劳动合同或签订专门的保密协议。

企业应对接触商业秘密的内部人员分类、分层级管理，评估他们接触商业秘密的重要程度，采取包括保密协议在内的适当管理措施。保密协议对于接触核心商业秘密的内部管理人员来说尤为重要。保密协议应当明确员工保密的义务，通常包括员工保守本企业商业秘密的义务、正确使用商业秘密的义务、取得技术成果后及时申报商业秘密的义务、妥善保管和使用涉密文件资料的义务、保密的期限、竞业禁止义务以及违反协议的法律责任等事项。企业可以在员工入职时与之签订专门的商业秘密保密协议或在劳动合同中规定商业秘密的保密条款。对于没有签订商业秘密保密协议的员工，可以要求与其补签。对于接触、掌握本企业核心商业秘密的人员，特别是高级管理人员、高级技术人员等，则要求必须签订保密协议。

（四）与非本企业人员订立商业秘密协议

商业秘密不可能仅限于企业内部使用，由于研发、生产、销售等需要，有时必须让外部人员接触、使用本企业的商业秘密。这种情况通常见于企业之间的合作、股份转让、委托开发、委托加工等。从法律上讲，如果企业因为疏忽大意而让外部人员掌握了本企业的商业秘密，且没有事先的保密协议约束，那么该外部人员并不需要承担保密义务，如果造成泄密也很可能不需要承担法律责任。因此，在商业交往过程中，当企业外部人员有可能接触本单位商业秘密时，与其订立保密协议是十分必要的。签订协议本身也证明了企业作为商业秘密权利人对商业秘密已采取了合理的保密措施。这不仅可以在法律上约束非本企业人员的行为，万一发生商业秘密纠纷，企业也会处于有利地位。

（五）商业秘密实施许可的保密

商业秘密可以成为实施许可的对象，实施许可同样涉及保密问题。首先企业要慎重地选择被许可的对象，一般要考虑候选被许可人的诚信状况、经济实力、市场规模等条件，特别是被许可后实施商业秘密的能力，也包括保密能力。当被许可人确定后，双方会就商业秘密的使用许可进行前期接洽谈判。就被许可的企业而言，当然要先对准备引进的商业秘密进行评估，才能确定是否购买以及支付相应的对价，但这样会让被许可方提前知悉该商业秘密。如果谈判没有成功，商业秘密的权利人将无法收回对方已经知悉的商业信息。为此，许可双方企业应当在谈判前就签订保密协议，该协议应当特别明确在没有获得许可方书面同意前，对方当事人不得将该商业秘密泄露给任何第三方。当然，拥有商业秘密的企业在谈判中披露给对方商业秘密的范围应遵守"必要知悉"原则，也就是说，商业秘密不能"和盘托出"，多谈能够实现的技术效果，少谈具体如何实现的技术细节，特别是核心商业秘密。如果谈判成功，正式达成的商业秘密许可协议应明确商业秘密的范围、双方的保密义务、许可费金额及支付方式、违约责任等问题，体现对商业秘密的允分保护。

（六）技术手段防范企业员工泄露商业机密

随着市场竞争的加剧和信息化的深入，数字化的商业秘密已经成为企业的核心资产，具有极高的商业价值。企业使用数据防泄露管理系统，能够将信息系统硬件和软件结合，通过封堵或加密等手段，防止商业秘密外泄。通过封堵手段防止泄密就是在被保护的商业秘密与外部之间，形成物理或技术的屏障，使外部觊觎者无法获取秘密信息。例如，封锁企业所有设备的对外接口，封锁有线和无线的网络设备接口等。通过加密手段防止泄密就是根据数字信息自身的特点，将数字信息进行加密后再使用，加密后的信息，即使不慎传输到外部，外部人员也无法打开，不会造成泄密。

企业根据自身需要，可以安装数据防泄露管理系统，用于管理企业的数据流动，通过对企业保密数据的内容、类型和流向等进行检测、监测和分析，确保数据的安全流动。数据防泄露管理系统还可以用于识别员工的异常行为，比如某员工大量频繁调取与本职工作无关的企业保密信息，就很有可能在窃取公司的商业秘密。企业数据防泄露管理系统会对全体员工工作中的数据使用行为进行采集，根据管理系统设置的规则和模型分析收集到的数据，从而区分员工的正常行为和异常行为，堵住泄密漏洞，防患于未然。

在企业的日常管理工作中，不仅需要制定完善的商业秘密管理制度，还要对各级员工进行日常的保密教育培训，使员工自觉形成保护商业秘密的意识，将企业商业秘密保护措施落实到日常工作和行为规范中，并且要定期检查或不定期抽查各类保密措施是否已经落实，是否存在漏洞，是否存在泄密风险，是否与企业的发展战略相匹配，是否需要进行相应的调整等，这样才能最大限度地保护企业商业秘密，即使出现泄密隐患，也能够及时有效制止，防止严重泄密后果的发生。

企业保密制度的建立

扫描图中二维码
查看本章思维导图

从司法实践来看，商业秘密权利人在法院提起的维权诉讼，大部分效果都不太理想，多以败诉告终，归根结底，还是由于企业忽视对其技术秘密、经营秘密等商业秘密的管理。企业没有事先采取合理的保密措施，缺乏相应的保密制度，容易泄密，而且泄密后企业缺乏专业的应对措施，无法有效制止泄密范围扩大，诉讼也无法收集到关键证据，所以维权结果不甚理想。

一、企业保密制度建立的意义

（一）企业保密存在的问题

商业秘密作为企业的无形资产，是一种特殊的知识产权，凝聚了企业的人力、物力、财力的投入。但是许多企业对商业秘密的认知存在偏差，没有建立完备的保密制度，保密措施仅限于在劳动合同中设置一个保密条款。如此薄弱的制度设计，一方面增加了商业秘密泄露的可能；另一方面，权利人在遭到侵权时很可能被认定为"没有采取合理保密措施"。因缺乏认定属于商业秘密以及构成商业秘密侵权的证据，致使自身权益无法得到法律保护。

1. 对什么是商业秘密不清楚

许多企业缺乏商业秘密的法律常识，对什么是商业秘密、商业秘密的范围、商业秘密的种类等问题认识不清。例如，有的企业认为自己单位没有商业秘密。科技型企业的保密意识相对较强，但也仅限于对研发成果的保护，对战略方案、客户信息、财务信息等经营秘密保护力度较小。中小型、生产型或贸易型企业，经营者甚至认为企业内部没有商业秘密。事实上，任何一家企业从成立之日起，就已经开始产生商业秘密。例如，甲乙两个电动车生产企业，购买同样一款电池，甲以500元的价格进货，乙却能以350元的价格进货。那么乙的进货渠道作为一种经营信息就成为它的商业秘密。由此看来,任何一家企业都有可能具有商业秘密。

有的企业虽然知道存在商业秘密,但是很难说清楚本单位的商业秘密具体是什么。很多企业经营者不能明确知道自身商业秘密在哪里,或者将一些公知信息当作自己的商业秘密加以保护,或者将真正有价值的信息不采取保密措施而对外公开,或者分不清什么是商业秘密、什么是商业秘密载体。

还有的企业保密意识过强,认为所有信息都是商业秘密。企业产生这种认识的主要原因在于不能把握商业秘密的实质定义,为了保险起见,干脆将本企业所有的技术信息或经营信息都列为商业秘密。这导致的后果是保密成本高,影响企业的正常运营。

2. 对如何保护商业秘密理解不全面

有些企业已经意识到商业秘密保护的重要性,但不知如何才能有效保护,如果保密措施简陋,则难以起到保密效果。

有的企业保护制度没有系统化,企业常常会将商业秘密的保护局限于技术信息,而忽视经营信息的保护。大多数企业都深刻认识到"科学技术是第一生产力",能对技术信息加以或多或少的保护。然而,对于经营信息却没有相应的管理措施或认识上不足,因此对此类商业秘密疏于管理。

有的企业保密制度是对外不对内,表现在对外活动时严格注意保密事项,但对内部员工很少采取保密措施,对商业秘密没有进行分区域、分层次、分密级、点面结合的完善保护,使商业秘密保护流于形式。

企业应当在明确商业秘密的范围后,有意识地将保密措施细化,让不同的人员接触不同层次的商业秘密,尽可能减少大部分员工掌握该商业秘密的核心部分。不同层次的员工,能掌握的商业秘密等级也应该有所不同,承担的保密义务也应有所区别。企业对于核心人员、核心秘密的保密制度应当更加严格。

（二）企业保密制度建设的必要性

建立健全企业商业秘密保护体系有利于增强员工保密意识，全面保护商业秘密，提高企业经济效益。有些企业无意识地将商业秘密以产品介绍、操作流程、技术推广等方式公开，使得本属于秘密的商业信息被公开。有些企业的科研人员为评职称或展示自己的研究成果，以论文的形式将本单位的商业秘密发表在国内外专业刊物上，失去了成为商业秘密的条件，也使企业丧失了本应获取的实际或潜在的经济效益。在企业完备的保密体系之下，上述泄密情况将得到有效遏制，从而使得企业保持应有的竞争优势。

商业秘密保护体系的建设有利于企业发生法律纠纷后占据有利地位，更有效地进行法律救济，维护合法权益。侵权纠纷发生后，若企业对其商业秘密没有给予明确、适当的保护，企业将处于不利的地位，难以获得法律上的支持。因为企业在诉讼阶段如果不能举证证明自身采取了合适、有效的保密措施，或者对商业秘密的概括和描述不当，则该部分技术将被认定为公知技术，从而导致侵权人逃脱法律的制裁。企业在建立完备的保密体系之后，能够动态留存权利证据和侵权证据，会在后续诉讼中赢得先机，使法院支持企业的主张，从而制止侵权行为，获得侵权赔偿，起到震慑侵权者的效果。

二、企业建立保密制度的原则

由于我国企业商业秘密保护存在诸多问题和不足，导致商业秘密侵权案件与日俱增，同时也说明我国企业的商业秘密保护工作具有艰难性、重要性和紧迫性。企业应当尽快加强商业秘密的保护工作，建立企业商业秘密一体化保护体系。对于企业建立健全商业秘密的保护制度，我们应坚持以下原则。

（一）积极防范原则

对于企业的商业秘密保护工作，首先要制定保密制度，其次要完善保密措施，尽一切可能消除泄密的隐患，填补泄密的漏洞。一旦发生泄密事件，要能够尽快采取补救措施，将损失减到最低限度。

（二）重点突出原则

企业的保密范围要明确具体，不可泛泛保护。企业应设置专人专岗负责企业商业秘密的管理，做好重点商业秘密的保护和重要涉密人员的保密工作。

为了贯彻落实企业的商业秘密保护工作，建议企业做好以下工作。

1. 积极进行保密制度的宣传与培训，提高员工的保密意识，强化保密教育

企业可以通过培训、讲座、群发邮件、内网公告等形式对企业员工进行宣传教育，提高企业员工特别是管理层、涉密人员的保密意识，让他们了解与商业秘密相关的法律制度，使他们从思想上重视商业秘密对企业的重要性。企业还可以向员工发放《保密手册》，并定期进行保密培训，让员工了解哪些信息是本企业的商业秘密，并进一步明确商业秘密的内容、载体和侵权后果，从而使他们在内部工作和外部交流时都能保持高度警惕性。企业的所有员工都应当明确意识到，商业秘密是企业的无形资产，获取、披露、使用或者毁坏商业秘密就像盗窃或故意毁坏他人财物一样，均属于侵犯他人权益的行为，情节严重的可能构成犯罪。

2. 不断根据企业发展情况完善商业秘密保护制度

商业秘密能为权利人带来经济利益，但其受法律保护的前提是企业已采取合理的保密措施。商业秘密的申报、认定等程序可由企业自行决定。因此，在制定企业的规章制度时，要把商业秘密的保护作为重中之

重，消除规章制度中一些不利于商业秘密保护的规定，进一步完善商业秘密保护机制。企业的商业秘密保护制度一般应至少包括以下内容：商业秘密的范围和保护期限、商业秘密的申报及认定程序、涉密员工的管理、保密及竞业禁止的要求、泄密时所采取的救济措施、保密工作奖惩办法等。

3. 成立商业秘密管理部门，由专业人士进行管理

商业秘密与企业的经营管理密切相关，且对技术性和发展阶段有一定的要求。如何确定商业秘密的内容和范围，应由企业经营管理部门根据生产经营的实际情况决定。技术秘密宜由技术部门负责决定，经营秘密宜由企业管理层和相应的部门负责决定，并由上述部门的特定人员组建一个专门的商业秘密管理部门，对企业的商业秘密进行及时调整和动态管理。企业商业秘密管理部门应当定期召开讨论会，讨论哪些技术是新开发的，是否要纳入商业秘密保护体系，对哪些信息可以解密等相关事项。

三、企业保密体系的构建

根据我国司法实践中对保密措施的认定情况来看，权利人为防止信息泄漏所采取的与其商业价值等情况相适应的合理保护措施，应当认定为《反不正当竞争法》所规定的保密措施。人民法院通常会根据所涉信息载体的特性、权利人保密的意愿、保密措施的可识别程度、他人通过正当方式获得信息的难易程度等因素，来认定权利人是否采取了保密措施。企业构建一套运行有效的商业秘密保密体系通常应包括以下七个方面内容。

（一）设置商业秘密管理架构

根据企业的不同规模可以设置与之相应的管理架构，规模较大的企

业可以设置专门的保密委员会或保密部门，规模较小的企业可由公司法务部兼管或设置一名保密专员。需要注意的是保密管理人员应当精简，尽量缩小接触商业秘密人员的范围。无论何种架构，应确保保密负责人能够与企业负责人直接联系和沟通，以确保出现紧急情况时能及时应对。

保密委员会或管理部门的职责主要如下：

（1）落实保密工作规章制度，完成各项日常任务；

（2）贯彻执行公司下发的保密工作文件和保密工作部署；

（3）检查并协助各部门负责人完善公司重点岗位的保密规定和措施；

（4）检查各部门执行保密工作规章制度的情况，发现问题及时汇报并提出处理意见；

（5）追查公司泄密事件和窃密案件，堵塞泄密漏洞，并对泄密事件的责任人提出处理意见或建议；

（6）宣传保密知识，做好保密培训，使员工增强保密观念，遵守保密规定和法律法规。

保密负责人的职责主要如下：

（1）签发公司的保密工作规章制度和有关文件；

（2）认定公司商业秘密的密级；

（3）协调各部门日常保密工作；

（4）审查和批准公司涉密信息的对外发布和交流；

（5）听取公司保密工作执行情况和存在问题；

（6）突发保密事件的应对、调查及汇报。

企业研发、生产、财务、销售等各部门负责人的保密职责主要如下：

（1）落实部门内的保密工作，负责梳理本部门涉及的商业秘密事项并初定密级；

（2）遵守各项保密制度，执行公司关于保密工作的规章和决定，发现问题应及时提出；

（3）定期对本部门的保密工作进行自查，并将自查情况形成书面材料上报保密委员会或管理部门备案。

（二）定密分级管理

定密分级是商业秘密保护的第一步，只有确定了企业哪些商业信息属于商业秘密之后，才知道后续该如何保护。

首先，企业应确定商业秘密的保密范围。企业所拥有的，能为企业带来经济利益，且不为竞争对手所掌握的技术信息、经营信息等商业信息都可以列入企业的保密范围。企业应根据自身实际发展情况认定哪些信息属于商业秘密，这就是定密。定密应当由特定职能部门根据定密程序经定密工作小组审核后确定。

其次，企业需确定商业秘密的密级和保密期限。商业秘密的密级和保密期限应按照定性和定量相结合的原则来确定，具体标准可以根据商业秘密的商业生命周期长短、成熟程度、市场价值大小、市场需求度等划定。企业可参考国家秘密的分级方式，对商业秘密实行分级管理，如绝密、机密和秘密三级。企业也可以根据自身经营特点分为两级，如核心秘密和普通秘密。

再次，在商业秘密的载体上标明密级和保密期限。商业秘密信息一经确定密级和保密期限后，企业即应在商业秘密载体上做出显著并易于识别的标志。这样做的目的，一是起到识别作用，以此告知保密义务人应对此信息承担保密义务；二是警告不法分子，一旦有窃取、使用该信息的行为，将被追究相应的法律责任。

（三）涉密人员管理

广义上讲，涉密人员不仅包括企业内部的员工，还包括外部合作企业接触本单位商业秘密的人员。

1. 对内部涉密人员的管理应当贯彻在入职前、在职时、离职后的各个阶段

鉴于大多数商业秘密侵权案件是因员工跳槽引起，企业应不断提高保密和风险防范意识，防止商业秘密外泄事件的发生比泄密后寻求救济

更具有价值。企业不仅要建立针对员工的商业秘密保密机制，强化涉密人员的保密义务和责任，还要注重营造和谐稳定的劳动关系，尽可能培养员工对企业的认同感和归属感，减少跳槽情形的发生，尽可能避免因员工离职而导致商业秘密被窃取或被公开等情形的发生。

入职时与员工签订保密协议，或在劳动合同中设立保密条款，是企业最常使用的保密措施。保密协议可以对保密的内容和范围、双方的权利义务、保密期限和违约责任等作出约定，它不仅可以规范员工的日常行为，还是要求泄密员工承担赔偿责任的依据。

在职时进行保密培训也是必要的保密措施。企业可以定期对涉密人员进行综合培训或者专题培训，增强员工的保密意识，提升员工的保密知识，更重要的是提醒员工保密义务。培训时应当做好记录和签到工作，并将参加培训情况纳入员工年度考核的衡量指标。这在后期维权时也方便企业举证涉密员工对公司的保密制度处于明知应知状态。

涉密人员离职对企业保密信息而言具有很高的风险，而且员工职位越高，造成的风险越大。对此，企业应注意，明确员工离职时工作交接的具体内容，并且以书面形式列明员工必须交还的资料；员工个人档案中应保存相应的培训记录，并尽量记录其所接触的保密信息范围；要求离职人员签订保密协议，必要时签订竞业限制协议约定竞业期限；核心涉密人员离职后在一定期间内进行风险管控，关注择业动向等。

2. 对外部企业涉密人员的约束

对外经济交往是企业生存和发展的必要条件，没有对外交往，就不能进行交易，企业的经营目标就无法实现。所以，企业与其他企业、组织和个人进行经济交往是市场经济的必然要求。但正因为对外交往的存在，同时也伴生着商业秘密被泄露的风险。从引入合作伙伴，到与他人合作开发或者委托他人开发新技术等，公司与合作伙伴签商务合同时，往往需要向对方披露和提供公司的相关信息，这里面就会涉及公司商业秘密的内容。公司应当在合作合同中加入保密条款，或与合作伙伴签订单独的保密协议，提前做好防范。克服这种风险最常见的法律手段就是在各种合作合同中约定保密义务。

在对外商务活动中要与接触商业秘密的其他企业、机构或人员签订保密协议，一般都要求与对方代表、签约代理人、关联企业等直接与商业秘密接触的员工签订保密协议。因为一旦发生泄密，对方企业和机构往往会以不承担员工的个人责任来进行抗辩。实践中，这种抗辩有时是成功的。因此，权利人应当要求对方公司及其员工均承担保密责任。这样在出现侵权时，权利人可以要求对方及其员工共同承担责任。如果商业秘密权利人向一家企业的分支机构或附属机构披露商业秘密，一定要考虑到同该企业的母公司、子公司、分公司、控股企业签订保密协议。

每份保密协议的内容并不完全相同，但一般均应包括下列几项。

（1）商业秘密的内容。将某些商业信息笼统含糊地规定为商业秘密是不够的，应当详细明确列明保密文件的名称、页数、份数、具体内容等相关事项。

（2）文件披露的范围和目的。例如将保密文件披露给中介机构是为了通过中介机构的专业服务，保护权利人的利益，而不是为中介机构自用。

（3）规定外部人员的保密义务。如要求对方指定专人保管，应告知权利人文件存放地点，以便定期检查，告知权利人是否复印、拷贝文件，权利人还可以要求对方采取某些保密措施。在计算机及互联网日益发达的今天，很多数字化的商业秘密被存储在电子存储系统，一旦外泄，要跟踪是比较困难的。因此，商业秘密权利人应当根据实际情况选择安全的存储方式和保密措施。

（4）保密协议的有效期。保密协议应当要求对方及其员工在双方业务关系结束后仍要对权利人的信息予以保密。至于保密期限多长，要根据预期的商业秘密价值和生命周期等因素确定。

（5）违约金、赔偿金的约定。关于违反保密协议的违约金，我国法律并没有明确规定具体数额，而由当事人约定。如果违约金的数额不足以弥补损失，违约方还应当予以赔偿。商业秘密权利人在谈判保密协议时应按照商业惯例等确定违约金及赔偿金数额。

对外合作合同主要包括以下几种。

（1）合作开发合同，是指当事人各方就技术秘密共同开发所订立的合同。合作开发完成的技术秘密，除合同另有约定的以外，应归合作开发各方共有，共有各方均有保守技术秘密的义务。

（2）委托开发合同，是指当事人一方委托另一方进行技术秘密的研究开发所订立的合同。委托开发完成的技术秘密成果的使用权、转让权以及收益的分配办法，由当事人约定；没有约定或者约定不明确，在没有相同技术方案被授予专利权前，当事人均有使用和转让的权利。但是，委托开发的研究开发人不得在向委托人交付研究开发成果之前，将研究开发成果转让给第三人。因此，可以在合同中约定开发完成的技术秘密归委托方或者受托方所有，另一方同样负保密义务。

（3）技术秘密转让合同，是指技术秘密成果的权利人或者其授权的人作为让与人将技术秘密提供给受让人，明确相互之间技术秘密成果使用权、转让权，受让人支付价款或者使用费所订立的合同。许可的方式包括独占许可、排他许可、普通许可等。不论签订何种许可方式，许可方与被许可方均要签订保密合同，或者是在许可合同中明确约定保密条款。

（4）商务咨询及服务合同。企业在经营中遇到专门问题，可能求助于专业的服务机构，如产品设计、生产、经营策略、企业形象设计、网站建设、财务制度、法律事务、资产评估等。上述机构在从事服务的过程中可能知悉企业的商业秘密，也有可能同时为竞争对手企业提供咨询和服务，所以企业非常有必要与上述服务机构签订保密合同，或者在服务合同中约定明确的保密条款。但需特别注意的是，企业与上述机构大多签订书面的合同，也约定了保密条款，但这些合同均是由中介机构事先拟就的格式合同条款，对企业不利，特别是对商业秘密保护的条款大多比较笼统，保护范围不清晰。如果不另行签订保密合同，也应对保密条款进行修改、完善，使其明确具体，更容易操作，进一步有效保护企业的商业秘密。

企业在进行技术转让、联合投资、企业并购等情形下，可能会将企业的商业秘密预先交给相对方进行论证和评估，但这时主合同是否签订尚不能确定的，企业可以与对方签订专项的商业秘密保密协议。

（四）涉密文件专门管理

涉密文件一般是指包含文字、图片、音像及其他记录形式记载的商业秘密文件，具体包括但不限于函件、图纸、报表、磁盘、光盘、胶片、幻灯片、照片等等，对于这些涉密文件公司应当登记造册，由专人保管，进行严格管理。对文件的保管应注意以下几个方面。

1. 文件分类管理

应根据涉密文件的重要程度进行分类。可将文件分为"绝密""机密""秘密"三个等级，并在文件首面加盖"绝密""机密""秘密"等字样的印章。

2. 做好文件流转登记

涉密文件都应建立登记制度，每份文件应注明编号、份数、制作日期、建立收文和发文制度，防止涉密文件在收、发过程中流失。对于发放给特定人的含有商业秘密的文件和资料，应当加保密标记，并对保密事项以书面形式作出说明。如果条件允许，还可以要求对方签署保密协议。

3. 设定专门的档案存放场所

绝密级、机密级、秘密级文件等应当按照保密制度存放在保险柜、文件柜等处。因工作需要由使用者个人保管的商业秘密文件，应由有审批权限的主管领导批准后方可使用，以确保文件的安全。

4. 设定涉密文件查阅、复制范围及程序

明确能够查阅、复制涉密文件的人员范围。查阅、复制文件时填写

登记，由具有审批权限的领导审批。绝密文件只允许在保密室内查阅，不得携带外出。所有商业秘密文件的复制都必须在企业内进行。

5. 作废涉密文件及时销毁

对于不再需要保存的涉密文件，应当及时清理或销毁。企业应规定清理或销毁涉密文件的审批权限和程序，完成清理或销毁并形成记录。

（五）涉密设备管理

1. 对生产设备、原材料及模具等进行物理隔离

将含有商业秘密的生产设备和生产过程安排在特定的保密区域内进行。如果将属于商业秘密的原材料或模具等带离工作场所，应用密闭容器或包装全覆盖，并标注"保密"标志。

2. 通信类设备的保密要求

涉密场所禁止带入手机，并应设有禁止带入和使用手机的显著标志。重要涉密会议、活动应就手机等通信设备的使用管理事项提出明确要求。涉密场所应根据需要安装和使用防止手机泄密的设备设施。核心涉密场所、重要涉密场所应配备手机存放屏蔽柜，集中保管进入人员的通信设备；重要涉密会议、活动应安装和使用手机信号干扰器；同时可以使用通信设备管控系统，对移动通信设备进行集中管控。

保密关键部门均应使用通过保密安全检测的电话、传真机等，不可以使用普通传真机传送机密信息，由指定人员保管传真机，并制定审批、登记制度。使用加密传真机时，必须填写批准表格，并由指定部门发送。

3. 涉密计算机的使用要求

应当明确计算机的使用和操作规程，任何员工不能随意复制含有商业秘密的电子文件，更不能将上述电子文件带离保密区域。一些跨国公

司为了防止员工从硬件设备上复制公司资料,大部分涉密员工的电脑是不能安装驱动器和移动硬盘接口的。对于企业内含有商业秘密的专用计算机,应确定专人管理,并全面记录和登记其使用情况。对于计算机内的保密信息,可以加密处理。具体要求如下。

(1) 涉密计算机必须与互联网隔离,贴上保密标记,并确定负责人。

(2) 涉密计算机的密级标识设置成三级密码,就是开机密码、用户密码、屏保密码。计算机内涉密信息也应该有相应的分类标签。各类文档的分类保密标签应该展示在文章首页的右上角。图纸和照片的分类保密标志应该标注在文件名之后。

(3) 与涉密计算机信息系统有关的各种软件,不得公开交换或者公开发布。

(4) 涉密计算机信息系统打印的保密文件和程序,应该按照相应的保密等级进行文件管理。文件管理过程中产生出来的各种废纸等介质应该及时粉碎销毁。

(5) 计算机需要维修时,必须经保密办公室批准,并由指定部门负责,不可以自行维修。

(6) 存储有秘密信息的计算机等设备停止使用时,应当报请主管机关登记。经批准后,按照保密工作的要求销毁或者处理。涉密计算机报废时,由专人将硬盘交由指定部门核销。

4. 打印机、复印机、扫描仪、绘图仪、投影仪、碎纸机等保密设备使用要求

(1) 打印机:打印机密文件和资料必须经过批准和注册;印制的保密文件和资料必须加盖保密印章;保密文件在注明保密文件的分类和数量后,按照保密规定进行管理;对印刷中产生的非正式文件也要妥善保管,严格控制知悉范围;废弃文件应当及时送交指定的销毁部门。

(2) 复印机:复印设备实行集中管理。除经过审批同意外,一般涉密文件禁止进行复印。经批准配备涉密复印机的,应当指定专人负责建

立严格的审批和复印登记制度。例如，对于保密信息的复印，可以根据复印保密信息的批准表格办理相关的审批手续。

（3）打印机、复印机、扫描仪、高拍仪器、绘图仪、投影仪、碎纸机均应使用经过保密安全检测的产品。涉密信息工作设备一般不得设置任何无线连接方式。

（六）涉密场所管理

对于涉密场所如技术部、产品研发部等可以建立门禁制度等物理防范措施。物理性防范措施一般就是对涉密信息进行物理上的隔离保护，比如：对厂区进行安全设置；设置特别的保密区域（如生产车间、实验室、技术室等）；涉密场所内工作的人员有专用门禁卡或身份识别装置，仅限本人进出使用；设置严格的出入制度和监督人员，禁止外来人员或无关人员随意进出；对于因工作需要而进入涉密场所的外来人员应当进行登记，涉密场所的出入口都应有专人负责外来人员的审查、登记，还可以配备电子监视系统和防盗系统；妥善处理废弃物等。

（七）风险防控及维权

商业秘密一旦遭受侵权，就很难恢复到初始状态，因此企业应当建立一套商业秘密风险防控和维权机制，以使企业在遭受侵权后，能将影响和损失减到最低。企业应第一时间收集和保留相关证据，确定侵权的范围、程度和侵权行为采用的手段及影响，进而决定相应的补救措施和索赔方案。

1. 风险防控

由于商业秘密泄密存在不可逆转的特点，因此在泄密事件发生前的预警和事发后的及时应对显得尤为重要。

（1）预警。

涉密人员和涉密部门负责人作为第一责任人应负起监测责任，一旦在各自涉及的部门或项目中发现商业秘密泄露或可能泄露的,应立即向公司商业秘密管理部门或保密专员通报,必要时同时向企业负责人汇报。

(2) 调查。

商业秘密管理部门或保密专员接到报告后,应第一时间展开调查,全面调查泄露或可能泄露的商业秘密情况,包括泄密的对象、涉密信息是否已被公开或部分公开、侵犯商业秘密的具体手段、泄密所可能造成的损害后果等,并将调查结果及时向企业领导汇报。

(3) 初步评估及处置。

如果尚未泄密但存在可能泄密的情况的,应责成相关人员立即采取有效保密措施,如相关人员存在过错的,追究责任人相应的责任。

如果确实存在泄密情况的,保密部门及相关法务人员应在最短时间内对泄密事件的发展趋势、对企业可能带来的影响和后果以及企业能够采取的必要措施等重大事项作出初步的评估,并将评估意见提交企业领导作决策参考。

(4) 组成紧急情况处理小组。

对于重大泄密事件应组建紧急情况处理小组,小组成员由商业秘密管理单位会同相关业务部门及外部律师等组成,研究并采取相应的应对策略和措施。

(5) 转换保护方式。

针对泄密的程度和状况,可考虑采用申请专利等其他保护方式对已经受到威胁的商业秘密加以保护。

(6) 对涉嫌泄密的员工采取调离措施。

将泄密员工调离原有工作岗位,使其不再接触公司商业秘密,同时对其加强保密教育,防止泄密的发生或泄密范围的扩大。调查清楚后,按照公司保密制度,对泄密员工进行处理,必要时,交由司法机关进行处理。

2. 维权

出现泄密情况并造成泄密后果，企业应第一时间采取维权措施，可通过法律途径获取侵权赔偿并惩治侵权人。

（1）警告商业秘密非法获取方，防止损失扩大。

在必要时对可能获取或已经获取公司商业秘密的侵权方去函，警告其获取的信息属于公司商业秘密，其行为侵犯了公司的商业秘密，要求其立即停止侵权行为，并与公司寻求和解，防止损失进一步扩大。

在泄密结果已经发生的情况下，为避免商业秘密泄密范围扩大，造成重大损失，和解是可以优先考虑的方案。在制定和解方案时，要充分考虑侵权方的资产、信誉和同意支付的赔偿金数额等情况，判断和解成功的可能性，制定最佳和解方案。同时充分收集和准备证据，做好采取进一步法律措施的准备。

（2）寻求法律救济。

通过法律途径进行维权的方式，包括向市场监督管理部门举报寻求行政保护、向法院起诉寻求民事保护、向公安机关报案寻求刑事保护等，法律依据主要有《反不正当竞争法》、《刑法》、《最高人民法院、最高人民检察院关于办理侵犯知识产权刑事案件具体应用法律若干问题的解释》等相关法律法规。

第八章 保密协议等保密措施

扫描图中二维码
查看本章思维导图

企业之间建立商业合作涉及商业秘密的，商业合作协议都应附有"保密条款"，为协议双方约定保密相关的权利义务。员工入职时，企业应当与员工签订保密协议和竞业限制协议。签订保密协议是为了防止企业员工或者企业合作伙伴泄露自己的商业秘密。竞业限制是指根据法律规定或用人单位通过协议约定在解除或者终止劳动合同后的一定期限内，劳动者不得到与本单位生产或者经营同类产品、从事同类业务的有竞争关系的其他用人单位任职，或者自己生产、经营同类产品。竞业限制是基于诚实信用原则而产生的劳动者的基本职业道德要求，签署竞业限制协议是为了防止离职人员利用其掌握的商业秘密与本单位竞争，损害单位利益。

一、签署保密协议的必要性

根据法律规定，商业秘密的三个构成要件包括秘密性、保密性、价值性，其中保密性是构成商业秘密的重要基础。保密性指的是权利人针对技术信息或经营信息等商业信息采取了适当的保密措施，在正常情况下足以防止商业秘密泄露。如果企业未采取或未能采取适当的保密措施，极易使技术信息或经营信息等商业秘密丧失秘密性，从而损害其商业价值。

企业针对其商业秘密可以采取多种保密措施，具体如下：

（1）签订保密协议或者在合同中约定保密义务；

（2）通过章程、培训、规章制度、书面告知等方式，对能够接触、获取商业秘密的员工、前员工、供应商、客户、来访者等提出保密要求；

（3）对涉密的厂房、车间等生产经营场所限制来访者或者进行区分管理；

（4）以标记、分类、隔离、加密、封存、限制能够接触或者获取的人员范围等方式，对商业秘密及其载体进行区分和管理；

（5）对能够接触、获取商业秘密的计算机设备、电子设备、网络设

备、存储设备、软件等,采取禁止或者限制使用、访问、存储、复制等措施;

(6) 要求离职员工登记、返还、清除、销毁其接触或者获取的商业秘密及其载体,继续承担保密义务。

在企业商业秘密的日常保护工作中,签订保密协议是最普遍、最容易操作、成本最低的保密措施。在实践中,即使不签订单独的保密协议,在委托加工、技术许可、合作开发等商业活动中,企业也都会在相应的合同中加入保密条款。签订保密协议或者在合同中约定保密义务是一项重要的保密措施。

在商业秘密侵权案件中,是否约定保密协议或保密条款很有可能导致截然不同的判决结果。比如:在北京 A 公司等三个原告与北京 B 公司、王某、姚某等被告侵害商业秘密纠纷一案〔(2018)京 73 民终 686 号〕中,北京知识产权法院认为"要认定三公司所主张的经营信息属于商业秘密,三公司还应证明其对之采取了保密措施。……本院认为,对于三公司与球场签订的合作协议是否采取了保密措施应当区别对待。一方面,对于三公司与球场签订的合作协议中未约定保密条款的情形,鉴于三公司未能对与球场的合作信息采取与其商业价值相适应的合理保护措施,防止信息泄漏,故本院对三公司主张其与相关球场之间的合作信息属于商业秘密不予支持。另一方面,对于三原告与球场签订的合作协议中约定双方对协议内容均负担保密义务之保密条款的情形,应当认为三公司已经对其与相关球场的合作信息采取了与其商业价值相适应的合理保护措施,故对三公司主张该部分经营信息属于其商业秘密予以支持。"

在该案中,同一权利人与不同的球场之间签署了多份合作协议,部分协议有保密条款,部分协议没有保密条款,北京知识产权法院因这两类协议是否有保密条款而在是否属于商业秘密的认定上作出了完全相反的认定,由此可体现出保密协议或保密条款的签订在商业秘密维权过程中的重要性。

既然保密协议和保密条款如此重要,那么企业在哪些情况下需要签署保密协议或在相关协议中附上保密条款呢?根据实践经验,保密协议一般分为企业内部保密协议和企业外部保密协议。企业内部保密协议是指企业与内部员工签订保密协议，或者企业与员工签订的劳动合同中应当含有保密条款。在保密协议中，应当明确保密内容和范围、双方的权利与义务、保密期限、违约责任等内容。企业还应当根据涉密程度等与核心涉密人员签订竞业限制协议，竞业限制协议中还应当包含经济补偿条款。企业外部保密协议是指企业与外部合作机构、企业或人员签订保密协议，企业的外部合作主要包括委托加工、合作开发、技术转让、尽职调查等活动，企业一般应当与外部合作机构、企业或人员签订保密协议或在相关合作协议中附上保密条款。

同时，为进一步提升企业内部保密协议和外部保密协议的规范化程度，针对企业的不同业务类型、不同员工岗位、不同合作方式所涉及的商业秘密具体类型、评定程序、涉密范围等因素，企业应当制定并及时更新本企业的内部和外部保密协议范本，并将保密协议的签署作为工作考核标准，以提升员工的保密意识和守约意识。

二、内部保密协议的基本内容

根据我国法律规定，劳动合同当事人可以在劳动合同中约定保守企业商业秘密的内容，这是用人单位与劳动者约定商业秘密保密条款的法律依据。用人单位与员工之间的内部保密约定有两种形式：一是在劳动合同中约定保密条款，不再单独签订保密协议。二是在劳动合同之外单独签订保密协议，以约定用人单位与劳动者之间关于保密的权利义务内容。

（一）内部保密协议的内容

在实践中，单独的保密协议或劳动合同中的保密条款至少应当包含保密范围、责任主体、保密期限、保密义务、违约责任、争议解决等内容。

（1）保密范围指的是协议中应当明确哪些企业信息属于商业秘密，只有在明确了商业秘密内容的前提下，员工才能知晓保密的界限：哪些信息是可以公开的，哪些信息是应当保密且不得对外传播的。保密协议中的保密内容可以包括但不限于以下内容：与技术有关的结构、原料、组分、配方、材料、样品、样式、植物新品种繁殖材料、工艺、方法或其步骤、算法、数据、计算机程序及其有关文档等信息；与经营活动有关的创意、管理、销售、财务、计划、样本、招投标材料、客户信息、数据等信息；技术信息和经营信息以外的商业信息。企业可以结合业务类型、业务特点、商业秘密的具体内容等，在保密协议中设计保密范围的条款，以覆盖全面、内容详细的方式约定保密内容，避免因保密范围含糊不明确而影响协议的执行效果。

（2）责任主体指的是承担企业商业秘密的保密义务及违反保密义务后承担法律责任的主体，一般是指签订保密协议的企业员工。

（3）保密期限是指企业员工承担保密义务的起止日期。起始日一般为员工签订保密协议之日或者接触到企业商业秘密之日。值得注意的是，保密义务的截止日期并非是指员工的离职日期，因为在员工离职后对于工作期间接触的企业商业秘密应当继续负有保密义务。因此在保密协议中应明确约定保密期限为永久或者保密期限至企业商业秘密信息公开之日止，双方约定明确保密期限的目的就是告知并提醒员工自身保密义务不因离职而当然免除。

（4）保密义务是指为了保守企业商业秘密，员工应当实施或者不得实施的行为，这是保密协议的核心条款。保密义务既包括在职期间的义务，例如对工作过程中接触的企业商业秘密不得外泄，更不得透露给企业竞争对手，又包括离职时的义务，例如员工应当在办理离职手续时，返还企业的涉密载体，不得带走，还包括离职后的义务，例如入职新单位不能使用原单位的商业秘密。保密义务既包括对本企业商业秘密的保密义务，例如未经本单位同意，不得复制本单位的保密信息或提供给他人，又包括对合作单位商业秘密的保密义务，例如对基于企业之间合作关系而从第三方获悉的对方商业秘密，企业员工只能在合作约定的范围和条件下使用,未经允许不得超范围使用。

(5) 违约责任是指员工违反保密义务后应当承担的法律后果,主要包括实际履行、支付违约金、赔偿损失等。如果员工违反了保密协议,用人单位可以要求员工实际履行保密协议中约定的保密义务。如果保密协议中约定有违约金,用人单位可以要求员工依约支付违约金。如果员工违反保密义务的行为给用人单位造成了实际损失,用人单位可以要求员工赔偿损失。只要保密协议中约定了违约金,不论员工的违约行为是否给用人单位造成了实际损失,用人单位都可以要求员工支付违约金,而赔偿金则建立在实际损失基础上,如果保密协议中没有约定违约金,而员工的违约行为又没有给用人单位造成实际损失,用人单位就不能要求员工支付赔偿金。

(6) 争议解决指的是企业与员工因保密协议产生纠纷时可以寻求的救济途径,双方可以约定向仲裁机构申请仲裁或者向法院提起诉讼。需要注意的是,若企业与员工签订的是单独的保密协议,那么双方可以自由约定向仲裁机构申请仲裁或者向法院提起诉讼;若企业与员工在劳动合同中约定了保密条款,且基于劳动合同的保密条款产生纠纷,根据我国法律的规定,这属于劳动合同纠纷,劳动合同纠纷应当劳动仲裁前置,即须先申请劳动仲裁。

(二)内部保密协议范本

保密协议(内部)

用人单位(以下简称"甲方"):

住所地:

法定代表人:

员工(以下简称"乙方"):

身份证号:

联系地址：

联系电话：

鉴于乙方任职于甲方，有获得甲方商业秘密的机会，为切实保护甲方的商业秘密等合法权益，根据国家法律法规及甲方有关管理制度规定，双方本着公平合法、平等自愿、协商一致、诚实信用的原则，订立本协议并共同遵守。

第一条　保密范围

1.1　本协议所称商业秘密，是指不为公众所知悉、具有商业价值并经权利人采取相应保密措施的技术信息、经营信息等商业信息。乙方应承担保密义务的甲方商业秘密范围包括但不限于以下内容。

（1）研发阶段商业秘密，包括但不限于技术方案、工程设计、电路设计、制造方法、产品配方、工艺流程、技术指标、设计图纸、数据库、技术文档、试验数据、试验记录、会议纪要、实验报告、检验方法等。

（2）生产阶段的商业秘密，包括但不限于样品、样机、模型、模具、操作规程、使用手册、生产流程图、供应商名单、进货渠道等。

（3）销售阶段的商业秘密，包括但不限于产品报价、客户名单、营销计划、产销政策、招投标文件、交易文件资料等。

（4）财务信息，包括但不限于劳动报酬、融资计划、财务报表、利润分配方案、产品定价目录等。

（5）知识产权，包括但不限于未递交的发明申请、实用新型申请、外观设计的制图、设计稿、商标设计稿、计算机程序源代码及文档等。

（6）公司管理信息，包括但不限于公司内部制度文件、内部管理方法、运营计划、发展战略等。

（7）法律规定或公司制定的其他保密事项，包括甲方未明确表示可以公开的任何商业信息。

（8）甲方的关联方、合作方以及向甲方提供了保密信息的其他主体的保密信息属于本协议约定的商业秘密，乙方对此亦负有保密义务。

对于乙方不确定是否属于保密信息的商业信息，在甲方书面确认可以披露之前，均视为保密信息。

1.2 甲方的保密信息包括但不限于书面文件、电子邮件、电子数据、磁盘、光盘、图片、视频或其他任何形式的载体及其复制件。

第二条 乙方的保密义务

2.1 乙方应当遵守甲方制定的保密制度，履行与其工作内容相关的保密职责。乙方应主动采取必要措施对甲方的商业秘密进行保护，防止第三方非法获取及使用。

2.2 乙方在甲方工作期间及离职后，均不得向甲方以外的任何第三方透露或为乙方在甲方工作以外使用甲方商业秘密，也不得向其他甲方员工透露任何保密信息。

2.3 无论甲方的保密制度是否规定，乙方应采取必要的保密措施，保护其知悉或持有的属于甲方或者虽属于他人但甲方承诺有保密义务的保密信息，以保持其机密性。

2.4 乙方不得以盗窃、贿赂、欺诈、胁迫、电子侵入或者其他不正当手段获取与本职工作无关的甲方商业秘密；不得将甲方商业秘密擅自复制、传递或以其他任何形式带离甲方控制。

2.5 乙方不得披露、使用或者允许第三方使用甲方商业秘密，特别不得以任何形式泄露甲方商业秘密给竞争对手。

2.6 双方劳动关系结束后，乙方应立即停止使用甲方商业秘密，且不得允许其他自然人、法人和非法人组织使用甲方商业秘密。

2.7 双方劳动关系结束时,乙方应返还在职期间使用或持有的图纸、笔记、□册、软盘、硬盘、光盘、磁带以及载有甲方商业秘密的其他任何介质的载体、财产和设备。

2.8 发现甲方商业秘密被泄露或存在泄露风险,乙方应当立即采取有效措施防止泄密,并及时向甲方相关负责人报告。

2.9 乙方在研发、生产、销售等工作中,应当按照甲方管理制度将试验报告、程序代码、数据笔记、设计图纸、客户名单等保密信息收集并交主管部门存档。

第三条 保密期限

3.1 乙方在甲方任职期间及离职后,均对甲方的商业秘密负有保密义务,直至甲方书面同意乙方不再承担保密义务或商业秘密可以从公开渠道合法获得为止。

第四条 违约责任

4.1 如果乙方违反本协议的法律义务,甲方有权立即与乙方解除劳动关系,并要求乙方承担下列违约责任。

(1) 给甲方造成经济损失的,赔偿甲方的全部经济损失,包括但不限于甲方支付的全部维权成本及其他经济损失。若上述经济损失低于____元或者难以计算,乙方应当支付甲方____元的赔偿额。若上述经济损失高于____元,乙方应当按照实际经济损失向甲方支付赔偿额。

(2) 因乙方过错给甲方造成不良社会影响的,乙方应当配合甲方消除影响,协助甲方追查泄密事件。无法消除影响的,乙方应承担赔偿责任。

4.2 乙方在甲方任职期间,不得侵犯他人商业秘密等知识产权。因乙方的侵权行为导致甲方遭受经济损失或造成不良社会影响的,甲方有权要求乙方承担赔偿责任并消除影响。

> 4.3 乙方同意，甲方在支付乙方的工资报酬时，已考虑了乙方在职期间及离职后需要承担的保密义务，故无须向乙方另外支付保密费。
>
> 第五条 适用法律与争议解决
>
> 5.1 本协议订立、生效、执行及争议解决适用中华人民共和国法律。
>
> 5.2 因履行本协议发生争议，双方首先应协商解决，如协商不成，任何一方可向甲方所在地人民法院提起诉讼。
>
> 第六条 解释与效力
>
> 6.1 双方一致同意对本协议补充、修改时，以书面方式签订补充或变更协议，该补充、变更协议与本协议具有同等法律效力。
>
> 6.2 □□理解并确认，乙方在签署本协议前已充分阅读本协议内容，且对本协议内容无异议，本协议对乙方具有完整的约束力。
>
> 6.3 本协议一式两份，双方各执一份，自双方签字盖章后生效。
>
> 甲方： 乙方：
> 法定代表人： 身份证号：
> 盖章： 签字：
> 日期： 年 月 日 日期： 年 月 日

三、对外保密协议的基本内容

企业在遇到委托加工、合作开发、技术转让、合资入股、侵权调查、股票发行等商业活动时，需要将企业内部处于保密状态的技术资料或经营资料等商业信息披露给合作公司、会计师事务所、律师事务所、证券公司等外部合作企业,为了保护企业商业秘密,防止被接触到商业秘密的合作企业或员工泄密,应当与合作方签订保密协议,约束合作方及合作方员工的行为。

(一) 对外保密协议的内容

与内部保密协议相同,对外保密协议也需要包含保密范围、责任主体、保密期限、保密义务、违约责任、争议解决等条款。不同之处在于保密责任主体不仅包括合作单位,还包括合作单位的员工或关联企业。基于双方或多方的合作关系,合作单位的员工或关联企业也有机会接触到企业的商业秘密,为降低合作过程中的泄密风险,企业应当在保密协议中约定一旦发生泄密行为,合作单位应当与其员工或关联企业共同承担连带法律责任。

(二) 对外保密协议的范本

保密协议(外部)

甲方(委托方):
住所地:
法定代表人:
联系电话:

乙方(受托方):
住所地:
法定代表人:
联系电话:

鉴于甲乙双方合作期间,乙方有获得甲方商业秘密的机会,为切实保护甲方的商业秘密等合法权益,双方本着公平合

法、平等自愿、协商一致、诚实信用的原则，订立本协议并共同遵守。

第一条　保密范围

1.1　本协议所称商业秘密，是指不为公众所知悉、具有商业价值并经权利人采取相应保密措施的技术信息、经营信息等商业信息。乙方应承担保密义务的甲方商业秘密范围包括但不限于以下内容。

（1）技术信息包括但不限于与技术有关的结构、原料、组分、配方、材料、样品、样式、植物新品种繁殖材料、工艺、方法或其步骤、算法、数据、计算机程序及其有关文档等信息。

（2）经营信息包括但不限于与经营活动有关的创意、管理、销售、财务、计划、样本、招投标材料、客户信息、数据等信息。

对于乙方不确定是否属于保密信息的内容，在甲方书面确认可以披露之前，均视为保密信息。

1.2　甲方的保密信息包括但不限于书面文件、电子邮件、电子数据、磁盘、光盘、图片、视频或其他任何形式的载体及其复制件。

第二条　乙方的保密义务

2.1　对于知悉的甲方任何商业秘密，乙方应主动采取必要措施对甲方的商业秘密进行保护，限制乙方员工的知悉范围，防止第三方非法获取及使用。

2.2　乙方在合作期间及合作完成后，均不得向甲方以外的任何第三方透露或为合作以外的任何其他目的使用甲方商业秘密。

2.3　乙方不得以盗窃、贿赂、欺诈、胁迫、电子侵入或者其他不正当手段获取与本次合作无关的甲方商业秘密；不得将甲方商业秘密擅自复制、传递或其他任何形式让甲方商业秘密处于不安全状态。

2.4 乙方不得披露、使用或者允许第三方使用甲方商业秘密,特别不得以任何形式泄露甲方商业秘密给竞争对手。

2.5 双方合作终止后,乙方应立即停止使用甲方的商业秘密,且不得允许其他自然人、法人和非法人组织使用甲方商业秘密。

2.6 双方合作关系结束时,乙方应返还合作期间使用或持有的图纸、笔记、□册、软盘、硬盘、光盘、磁带以及载有甲方商业秘密的其他任何介质的载体、财产和设备。

2.7 发现甲方商业秘密被泄露或存在泄露风险,乙方应当立即采取有效措施防止泄密,并及时向甲方相关负责人报告。

2.8 本协议所述乙方义务对乙方员工、乙方关联公司具有同等约束力,因乙方员工或乙方关联公司造成泄密的,乙方应当承担连带责任。

第三条 保密期限

3.1 甲乙双方合作期间及合作终止后,乙方均对甲方的商业秘密负有保密义务,直至甲方书面同意乙方不再承担保密义务或商业秘密可以从公开渠道合法获得为止。

第四条 违约责任

4.1 如果乙方违反本协议的法律义务,甲方有权立即与乙方解除合作关系,并要求乙方承担下列违约责任:

(1)给甲方造成经济损失的,赔偿甲方的全部经济损失,包括但不限于甲方支付的全部维权成本及其他经济损失。若上述经济损失低于____元或者难以计算,乙方应当支付甲方____元的赔偿额。若上述经济损失高于____元,乙方应当按照实际经济损失向甲方支付赔偿额。

(2)因乙方过错给甲方造成不良社会影响的,乙方应当配合甲方消除影响,协助甲方追查泄密事件。无法消除影响的,乙方应承担赔偿责任。

4.2 在合作期间，乙方不得侵犯他人商业秘密等知识产权。因乙方的侵权行为导致甲方遭受经济损失或造成不良社会影响的，甲方有权要求乙方承担赔偿责任并消除影响。

第五条 争议解决

5.1 本协议订立、生效、执行及争议解决适用中华人民共和国法律。

5.2 因履行本协议发生争议，双方首先应协商解决，如协商不成，任何一方可向甲方所在地人民法院提起诉讼。

第六条 解释与效力

6.1 双方一致同意对本协议补充、修改时，以书面方式签订补充或变更协议，该补充、变更协议与本协议具有同等法律效力。

6.2 本协议一式两份，双方各执一份，自双方签字盖章后生效。

甲方： 乙方：
法定代表人： 法定代表人：
盖章： 盖章：
日期： 年 月 日 日期： 年 月 日

四、竞业限制协议的基本内容

与保护商业秘密相关的协议还有竞业限制协议，所谓竞业限制是指根据法律规定或用人单位通过协议约定在解除或者终止劳动合同后的一定期限内，劳动者不得到与本单位生产或者经营同类产品、从事同类业务的有竞争关系的其他用人单位任职，或者自己开业生产或者经营同类产品。根据我国相关法律规定，对负有保密义务的劳动者，用人单位可以在劳动合同或者保密协议中与劳动者约定竞业限制条款,并约定在劳动关系终止后,在竞业限制期限内按月给予劳动者经济补偿。竞业限制的人员限于用人单位的高级管理人员、高级技术人员和其他负有保密义务的人员。

(一)竞业限制协议的内容介绍

竞业限制协议的内容主要包括竞业限制的业务范围、地域范围、竞业限制期限、竞业限制义务、竞业限制补偿金、违约责任等。

1. 竞业限制的业务范围

竞业限制的业务范围指的是员工离职后在竞业限制期间不得从事相关领域的工作,必要时可以列明禁止入职的公司名称。

2. 竞业限制的地域范围

竞业限制的地域范围指的是员工离职后在竞业限制期间不得在哪些国家和地区从事相关领域的工作,例如有的企业要求员工在中国大陆竞业限制,有的企业要求员工竞业限制的地域延伸至其他国家和地区,企业可以根据自身需要约定劳动者竞业限制的地域范围。

3. 竞业限制期限

竞业限制期限指的是员工在解除或者终止与本单位的劳动合同后,不得到与本单位生产或者经营同类产品、从事同类业务的有竞争关系的其他用人单位,或者自己开业生产或者经营同类产品、从事同类业务的期限。根据我国法律规定,竞业限制期限不得超过二年。

4. 竞业限制义务

竞业限制义务指的是为了保护原单位的合法权益,员工应当实施的某种行为或者不得实施的某种行为,这也是竞业限制协议的核心部分。

5. 竞业限制补偿金

竞业限制补偿金指的是企业应当支付的员工在竞业限制期间履行竞业限制义务的经济补偿。这一点与保密协议不同，保守企业商业秘密是员工的法定义务，因此保密协议中没有补偿金要求。竞业限制属于用人单位和劳动者双方的约定义务，劳动者因保护单位利益而在再就业方面受到限制。所以，竞业限制协议中用人单位应当给予劳动者经济补偿金。当前我国法律并没有对补偿金标准作出规定，各企业也是根据员工离职后再就业受限制程度、员工掌握的企业商业秘密重要性等因素作出相应约定。

6. 违约责任

违约责任指的是违反竞业限制协议约定义务，违约方所应该承担的法律后果。一般情况下，企业不支付或者无正当理由拖欠竞业限制补偿金的，经劳动者要求仍不支付的，劳动者可以解除竞业限制协议。员工违反竞业限制义务的，应当向企业支付违约金。

（二）竞业限制协议的范本

竞业限制协议

用人单位（以下简称"甲方"）：

住所地：

法定代表人：

员工（以下简称"乙方"）：

身份证号：

联系地址：

联系电话：

鉴于乙方任职于甲方，有获得甲方商业秘密的机会，因此对甲方的竞争优势具有重要影响，为切实保护甲方的合法权益，根据国家法律规定，本着公平公正、平等自愿、协商一致、诚实信用的原则，甲乙双方自愿订立本协议，并共同遵守。

第一条　竞业限制范围

1.1　本协议旨在限制乙方在职期间和离职后在与甲方有竞争关系的单位从事与甲方主营业务相关的工作。

（1）有竞争关系的单位，包括但不限于：与甲方及其关联单位直接竞争的单位；该竞争单位关联或实际控制的单位；其他与甲方有竞争关系的单位，包括但不限于【　　】。

（2）甲方主营业务相关的工作，包括但不限于甲方主营或同类技术、产品及其零部件的研发、设计、试验、制造、维修、销售、运营等工作，包括但不限于【　　】。

1.2　竞业限制的地域范围：中华人民共和国大陆地区（不包括香港、澳门、台湾）。

第二条　竞业限制期限

2.1　离职竞业限制期限：乙方的离职竞业限制期限自双方劳动关系结束之日起开始，至两年期满终止，或至甲方书面通知乙方竞业限制结束之日终止，以较早到期者为准。

第三条　甲方的权利与义务

3.1　甲方有权就乙方的竞业行为进行调查、要求乙方定期汇报离职后的情况并在乙方违约时进行索赔。

3.2　甲方应按本协议的约定支付乙方竞业限制补偿金。

第四条　乙方的竞业限制义务

4.1　乙方未经甲方书面同意，不得直接或间接受聘于与甲方业务存在竞争关系的任何竞争对手或该竞争对手的关联企业，或向任何甲方的竞争对手或该竞争对手的关联企业提供任何咨询、辅导等服务。

4.2 乙方在甲方任职及竞业限制期间,如乙方亲属已在或将在甲方竞争对手或其关联企业处任职或获得利益,乙方应立即如实向甲方人事部门告知。

4.3 乙方在其任职于甲方期间及竞业限制期间,不得直接以个人名义或以一个经营实体的所有者、代理人、合伙人、股东、董事等身份或以其他任何直接或间接名义从事以下行为:

(1) 投资或参与投资甲方的竞争业务;

(2) 设立或经营与甲方有竞争业务的经营实体;

(3) 直接或间接通过其他经营实体或个人雇佣甲方的在职员工,或虽已办理离职但向甲方负有竞业限制义务的甲方前员工;

(4) 直接或间接以散布虚假消息等方式损害甲方的商业声誉。

4.4 乙方不得直接或间接以鼓励、引诱、胁迫等方式使甲方员工主动结束与甲方的劳动关系。

4.5 乙方不得直接或间接地鼓励、引诱、胁迫等方式使甲方的客户、供应商或与其他与甲方有业务关系的经营实体终止与甲方的业务关系或做出其他对甲方不利的改变。

4.6 乙方可与甲方协商并经甲方书面同意后,可以提前解除竞业限制义务。但离职竞业限制期限内,乙方不得单方面终止自身的竞业限制义务。

第五条 竞业限制补偿金及其支付方式

5.1 乙方的竞业限制补偿金由甲方按月向其支付,首次支付时间为解除或终止劳动关系次月,每月支付金额为员工在劳动关系解除或终止前十二个月月平均工资的____%且不得低于本市最低工资标准。

5.2 乙方接受竞业限制补偿金的银行账号为其在职时的工资卡账号。若乙方银行账户无法正常使用或由于其他任何原因导致甲方无法将竞业限制补偿金按时支付，乙方应在三日内及时通知甲方变更支付账号或支付方式。如因非甲方原因导致甲方无法按时支付经济补偿的，不免除乙方竞业限制义务的继续履行。

5.3 乙方拒绝接受、自行放弃或怠于领取竞业限制补偿金，因此造成的损失由乙方自行承担，且不免除乙方竞业限制义务的继续履行。

第六条 违约责任

6.1 乙方在本协议期间内如违反本协议约定义务，乙方同意按以下约定承担违约责任。

（1）乙方支付的违约金标准：按本协议第五条5.1约定的竞业限制补偿金计算方式甲方应支付乙方补偿金总额的____倍，并另行支付甲方因调查、纠正乙方违反竞业限制行为的合理支出。

（2）乙方违约行为造成甲方损失大于第六条6.1第（1）项违约金计算总额的情况下，乙方应当按照甲方损失的实际金额支付。

6.2 甲方应当按时足额发放竞业限制补偿金，甲方非因乙方原因或者其他非正当理由未支付竞业限制补偿金__个月以上，乙方竞业限制终止。

第七条 其他

7.1 因履行本协议发生争议，双方首先应协商解决，如协商不成，任何一方可向甲方所在地劳动争议仲裁委员会申请仲裁，对仲裁裁决不服的，可向甲方所在地人民法院提起诉讼。

7.2 双方同意对本协议补充、修改时，以书面方式签订补充或变更协议，该补充、变更协议与本协议具有同等法律效力。

7.3 本协议一式两份,甲乙双方各持一份,自双方签订之日起生效,至乙方的竞业限制义务到期或依本协议约定终止。

甲方: 乙方:
法定代表人: 身份证号:
盖章: 签字:
日期: 年 月 日 日期: 年 月 日

第九章

企业商业秘密的定密分级

扫描图中二维码
查看本章思维导图

一、商业秘密的定密

（一）商业秘密定密的概念及参考标准

商业秘密定密是指企业将不为公众所知悉的具有市场价值的商业信息按照一定的标准和程序确定为商业秘密予以保护，使其在一定期间仅限特定范围人员知悉，其他人不得知悉。定密的目的在于划定普通信息与保密信息的界限，明确哪些信息属于商业秘密，这些信息是核心商业秘密还是普通商业秘密，保密期限为多长时间，从而能够让员工了解哪些信息应当保密，哪些信息可以公开，对于保密信息应当采取什么样的保密措施。

我国《反不正当竞争法》对商业秘密的定义是，指不为公众所知悉、具有商业价值并经权利人采取相应保密措施的技术信息、经营信息等商业信息。但是对于企业经营者而言，更关心的是自己企业的哪些信息可以而且需要作为商业秘密进行保护。因此，认定商业秘密主要是要解决两个问题：哪些信息可能是商业秘密？如何从这些信息中筛选出真正需要作为商业秘密保护的部分？从企业家角度出发，只要不是法律规定应当公开的信息，都希望可以列入商业秘密的保护范围。但在企业实际运营中，考虑到保密成本和可行性，商业秘密并不是越多越好。如果将大量普通信息界定为商业秘密给予保护，既加大企业运营成本，又给保密工作增加了难度。

商业秘密包括技术秘密和经营秘密等商业信息。对于技术秘密，既可以是完整的技术方案、有技术效果的技术参数或工艺流程，又可以是解决特定技术问题的技术诀窍。对于经营秘密，主要体现为在提供商品和服务过程中掌握的信息资源，能把企业与市场紧密联系在一起，并达到销售产品或提供服务等获取经济利益的目的，包括企业的客户名单、营销策略、投标方案、财务文件等。企业的商业秘密通常存在于下列几个方面。

1. 技术研发类

（1）开发新工艺、新配方、新产品的研究方案和阶段性成果；

（2）产品的设计方案、技术图纸、产品配方、工艺流程、测试数据；

（3）新产品的试验方案，包括试验的方法、参数、数据、效果等；

（4）制定科研发展计划、技术路径的分析、预测和规划材料。

2. 技术成果类

（1）新产品的制造技术、制造工艺和制造设备；

（2）尚未进入市场或尚未申请专利的创新技术成果；

（3）引进吸收技术过程中，公司的重大技术革新成果；

（4）尚未公布的新技术发展计划、新产品结构调整方案。

3. 营销业务类

（1）进货渠道、进货价格、供应商名单及联系信息；

（2）营销策略、营销方案和营销网络；

（3）内部成本核算、价格制定；

（4）对外谈判中的谈判策略、谈判方案、谈判底价、对外招标投标的标底及方案。

4. 管理统计类

（1）尚未公布的预决算报告、财务数据、统计报表；

（2）资产构成、资金状况和债权债务；

（3）年度成本、员工收入、员工个人信息等；

（4）人力资源、福利待遇等方案。

从上面的列举就可以看出，企业的很多商业信息可以列入商业秘密范围，如何从中筛选出真正需要保护的商业秘密？从构成要件来看，商业秘密的认定标准归纳为秘密性、价值性和保密性三方面，只有同时符合这三方面才属于商业秘密。但从企业管理的角度看，却不能照搬这个标准认定商业秘密。实践中，企业将商业信息作为商业秘密管理通常是从以下三个方面考量。

1. 正面价值

企业保护商业秘密的目的在于追求商业秘密产生的商业价值，因此首要的定密要求是要确定选择保护的信息具有商业价值。价值体现在能给企业带来经济利益或竞争优势，既包括现实的经济利益和竞争优势，又包括潜在的、通过未来使用而体现的经济利益及竞争优势。有商业价值的，不论是对生产、销售、科研等经营活动直接有用的信息，还是能在经营活动中节省费用、提高效率的信息，甚至失败的试验方案，都属于应保护的商业秘密范围。其次，需要明确的是，商业秘密是能够使经营者取得竞争优势的信息，与此无关的信息，即使由经营者作为秘密来保护，也不属于商业秘密保护的范围，但有可能获得个人隐私或国家机密等方面的法律保护。

2. 负面影响

是否将某信息界定为本企业的商业秘密，还可以从发生泄密后造成的负面影响来考量，也就是要衡量如果这一信息泄露，是否会给企业带来不良后果，比如：使企业的经济利益受到损害；妨害企业的技术创新和发展；严重影响企业的外部合作；严重影响企业研发队伍的稳定；危害企业的竞争优势等不良后果。

3. 保护方式

在企业经营中，下列情况一般可以考虑用商业秘密来保护：不容易通过反向工程等方式破解的技术创新；一旦公开就丧失保护价值的技术信息；企业的客户名单等经营信息。需要注意的是，研发及运用过程中形成的文件，如图纸、模型、实验记录、计算机文档等，应注意保存其原始资料，一方面这些资料是企业拥有商业秘密的原始证据；另一方面，一旦发生商业秘密泄露情形，企业还可考虑以著作权等其他法律保护形式进行补救。

（二）技术秘密的定密原则和方法

1. 选择作为技术秘密保护的原则

对于企业的技术信息，一般有两种保护方式：商业秘密保护和专利保护。什么样的技术信息适合专利保护，什么样的技术信息适合作为技术秘密保护呢？企业面临这样的选择时，主要是从反向工程难易程度考量。对于容易被竞争对手反向工程获得技术的科研成果，也就是通过对产品进行解剖、逆向分析及研究，从而演绎并得出该产品的处理流程、组织结构、功能特性及技术规格等设计要素，使得其他企业能够轻易知悉其构造、成分等技术细节的，企业最好选择专利保护。对于企业的技术成果，如果其他企业很难通过反向工程获得该技术的具体内容，企业最好选择商业秘密保护。企业既可以选择专利保护，又可以选择技术秘密保护，还可以选择专利与技术秘密结合起来共同保护。对于技术整体方案的保护，企业可以尽可能采用将核心技术作为技术秘密，周边技术申请专利的保护方式，发挥各自的优势，为企业创造最大商业价值。

2. 确定技术秘密定密部门

技术秘密的定密是一项专业性较强的工作，对于许多企业来说，开展定密工作既要对企业现存的各项技术成果进行梳理，又要对工作中不断产生的创新成果进行定密，并纳入商业秘密管理体系。因此，在开展定密工作之前，确定一个专门机构负责定密工作非常有必要，比如组建定密小组。但与经营秘密不同的是，技术秘密涉及许多技术点，非专业人士很难理解和判断。这就要求定密小组成员不仅包括企业管理人员、企业保密工作人员，还应当包括相当比例的技术人员。

通常定密小组的工作如下：

（1）落实企业制定的技术秘密管理制度和工作规范；

（2）检查、培训各技术部门的技术秘密定密工作；

（3）制定技术秘密申报流程及定密规范；

（4）负责审核技术人员申报的技术秘密并确定保密内容、保密级别、知悉范围、保密期限等事项；

（5）参与制作并动态管理技术秘密档案；

（6）处理泄密风险和法律纠纷等。

3. 技术秘密密点的拆分

对于一个完整的技术项目而言，全部技术信息通常包括公知技术信息和企业所拥有的特有创新信息，特有创新信息是与公知信息相区别的，这两部分信息有机组合，构成一个完整的技术项目整体。要保护技术秘密就是要保护企业所拥有的特有创新信息，因为这部分创新信息才是企业通过研发、合作、并购等方式所获得的智力成果，也就是技术秘密的密点。

有的企业经常会将完整技术项目整体作为密点，比如一条生产线，对于一条生产线这类完整技术方案，接触人员往往较多，有些车间操作工仅仅接触生产线的某一个环节，也会被纳入整条生产线商业秘密的知悉人员范围，这样粗放式的操作扩大了商业秘密的知悉范围，保密成本大大提高且泄密风险加大。一旦将这类技术项目整体作为密点，如果遭遇侵权诉讼，企业因难以厘清自己的技术秘密点，往往陷入举证困境，很有可能导致败诉。

那么技术秘密的密点应该如何拆分呢？下面介绍两个拆分标准供企业参考。

第一，根据功能拆分。每一项技术成果都有其内在功能的划分，就像一辆汽车分为发动机、底盘、车身、电器设备四个基本部分组成，底盘又分为传动系统、行驶系统、转向系统和制动系统四大系统，传动系统又由离合器、变速器、万向节、传动轴和驱动桥等组成。企业可以根据内在功能的不同，将能够实现一定功能的模块列为一个密点，在该功能模块的基础上继续向下拆分，直到拆分成最小功能单元为止。根据这个拆分方法,将一项技术成果拆分成树状结构的不同层次的密点体系。

第二,根据知悉范围拆分。密点拆分的目的在于保护技术秘密,尽可能保障密点的知悉人员数量最少,因此在根据功能进行拆分时兼顾知悉范围也是非常有必要的。还是以大家经常接触到的汽车为例,假如根据功能已经将密点拆分到离合器这个模块,那么对于离合器的生产,有些员工负责离合器设计图的制作,这些员工对于离合器设计原理非常精通,有些车间工人仅负责根据设计图生产离合器,这些员工仅掌握设计图纸但对设计原理并不知晓,这种情况下,可以单独将设计图纸拆分成一个密点,接触设计图纸的车间工人就是该密点的知悉人员。

再例如最高人民法院裁决的"香兰素"技术秘密纠纷一案中,嘉兴某公司与上海某公司对"香兰素"的密点进行了清晰的拆分和说明,具有非常典型的指导意义。两公司主张的技术秘密包括六个密点。

(1) 缩合塔的相关图纸,主要包括缩合塔总图以及部件图,还包括缩合液换热器、木酚配料釜、缩合釜、氧化中间釜。

(2) 氧化装置的相关图纸,主要包括氧化釜总图及部件图,还包括亚铜氧化釜、氧化液槽、氧化亚铜料斗、填料箱。

(3) 粗品香兰素分离工艺及设备,主要设备包括甲苯回收塔、甲苯蒸馏塔、脱甲苯塔、脱苯塔、苯脱净分层器、香兰素溶解槽/废水中和槽/甲醇回收溶解槽、脱苯塔再沸器、甲苯冷凝器、二结冷凝器、甲苯回收冷凝器、甲醇回收冷凝器、脱甲苯冷凝器。原审庭审中,嘉兴某公司与上海某公司明确放弃该秘密点中关于工艺部分的权利主张。

(4) 蒸馏装置的相关图纸,主要包括蒸馏装置总图及部件图,还包括甲醇塔、冷水槽/热水槽/洗涤水槽、香油萃取甲苯分层塔、水洗槽、头结过滤器/香油头结过滤器、蒸馏成品槽、蒸馏头子受器。

(5) 愈创木酚回收工艺及相应设备,包括设备甲苯回收塔、甲苯蒸馏塔、脱水塔再沸器、脱甲苯塔、木酚塔、脱低沸物塔、托苯塔、脱水塔、汽水分离器、苯脱净釜、木酚脱净釜、甲苯脱净槽、木酚脱净釜、甲苯脱净釜、木酚萃取分层塔、苯脱净分层器、木酚熔解釜、低沸物冷凝器、低沸塔再沸器、甲苯冷凝器、二结冷凝器/甲苯回收冷凝器/甲醇回收冷凝器、脱甲苯冷凝器。嘉兴某公司与上海某公司在诉讼中明确放弃本秘密点中关于工艺部分的权利主张。

（6）香兰素合成车间工艺流程图，包括：缩合、木酚萃取、氧化、木酚回收工段（一）、木酚回收工段（二）、亚铜分离、亚铜氧化、脱羧、香兰素萃取、头结、头蒸、水冲、二蒸、二结及甲醇回收、香油头蒸、甲苯结晶、甲苯回收、香油二蒸、醇水结晶、甲醇回收、干燥包装、硫酸配置工段的工艺管道及仪表流程图。

4. 技术秘密密点的申报

在技术秘密密点拆分结束后，接下来将会进入申报环节，也就是技术人员将密点梳理成书面申报材料，递交到定密小组审核，审核通过后纳入企业的技术秘密管理体系，并采取保密措施。企业可以制作《技术秘密申报表》，由各密点的技术负责人填写，连同技术秘密相关载体，例如设计图纸、设备构件等一并提交定密小组。《技术秘密申报表》可以参照专利申请的技术交底书，具体可以包括技术成果名称、技术成果类型、技术背景、技术创新点、技术效果、市场价值等内容。

技术成果类型可以根据企业自身研发方向自行分类，比如将技术成果类型分为产品类、材料类、工艺类、设备类。产品类是指技术成果的创新点在于物品的形状、构造或者其结合，如设计图纸、模型、工装、模具、仪器、工件等。材料类是指技术成果的创新点在于化学物质的组分、含量及配比等，既包括研发创造的具有传统材料所不具备的创新性能和独特技术效果的新材料，又包括传统材料经过结构、设计和工艺上的改进从而提高材料性能或出现创新性能。工艺类是指技术成果的创新点在于将各种原材料、半成品通过一定的设备，按照一定的工艺、步骤，使之成为成品的流程、方法等，包括设计方法、制造方法、使用方法、处理方法等。设备类是指技术成果的创新点在于对某对象物进行加工的、具有特定功能的装置。设备与产品的区别在于，设备可以用来加工产品，而产品只是用来消费，不再加工其他产品。如抛光设备、切割设备等。

以下《技术秘密申报表》（表9-1）供企业参考使用。

表9-1 技术秘密申报表

编号：　　　　　　　　　填报人：　　　　　　　部门：

技术成果名称					技术成果类型	☐ 产品 ☐ 材料 ☐ 工艺 ☐ 设备	
上级密点名称					下级密点名称		
知悉人员	序号	姓名	部门	岗位	知悉程度	备注	
	1						
	2						
	3						
参考文献							
技术成果概述	一、背景技术 二、技术创新点 三、技术优势及技术效果						

续表

该项技术成果的应用市场及效果	
定密小组审核	

5. 技术秘密密点的审核

技术秘密密点的审核是指定密小组根据申报人的密点申报材料，按照一定规则确认该技术成果是否构成技术秘密的审批程序。并非所有提交申报材料的技术成果都可以成为技术秘密，受到企业保密措施的保护，只有在符合一定标准的情况下才能够认定为技术秘密。定密小组在审核过程中，主要是从程序要件和实体要件两方面进行考量。

程序要件主要是指申报人填写的《技术秘密申报表》内容是否足够详细完整，提交技术成果的载体是否完好，是否对该技术成果做出了清楚、完整的说明。

实体要件主要是指该技术成果是否符合秘密性、价值性特点，以及是否能够复现。

其中，秘密性是首要审核要件，只有在不为公众所知悉的情况下才有可能确定为技术秘密，如果已经公开，那肯定不属于秘密了，没有必要再审核。对于一项技术是否处于不为公众所知悉的状态，在司法实践中一般通过技术鉴定机构的鉴定确认，在经过鉴定机构检索比对后发现从公开渠道确实无法获取该技术信息，则认定具有秘密性。但是对于企业日常申报工作而言，如果每项技术秘密的认定都由鉴定机构检索鉴定，成本高、效率低，还有可能导致泄密，不适合企业的日常定密。企业定密小组在日常定密时，可以考察以下三方面的问题：第一，该项技术成果是否在国内外申请过专利？第二，该项技术成果是否在中外公开出版物上发表过？第三，该项技术成果是否通过学术会议、展览会等方式公开过？在上述三种途径都未公开的情况下，可以初步判定该技术成果具有秘密性。

价值性也是重要审核要件。价值性也就是该技术成果能够给企业带来现实的或潜在的经济利益，但不是所有带来经济利益的技术成果都适合作为企业技术秘密进行保护。对于投入成本较高，但将来所获经济价值不高，且保密成本较高的技术成果，不宜认定为技术秘密。定密小组在审核过程中可以考量的价值性要素主要包括四个方面：第一，该技术成果是否能够广泛应用，即是否能够应用在多个产品线？第二，该项技术成果生产的产品销量如何，是否能够得到广泛的客户认可？第三，该项技术成果市场价值的时效性如何，是否能在未来长期为企业带来经济价值？第四，该项技术成果可替代性如何，在行业内是否存在其他可替代技术？从以上四个方面考量，可以对申报的技术成果是否有必要作为技术秘密保护作出基本判断。

复现性也是审核的必要要件。申报人提交了《技术秘密申报表》，也提交了相应的载体，如果根据这些文件，该领域内普通技术人员难以复现该技术成果，难以实现预期的技术效果，要么这项技术本身就有问题，比如技术不成熟，要么是所提交的申报文件存在错误，比如技术细节存在漏填错填。需要注意的是，复现性审核是指能够确认该技术成果具有复现可能性即可，而不是所有申报的技术成果都要实际实施技术复现这一环节。有些技术通过查看申报材料就可以判断是否能够复现，这就没有必要实际实施。有些技术考虑到环境条件或硬件设备的限制，难以实施复现或复现成本高或复现耗时长，一般也不实际进行复现。

（三）经营秘密的定密原则和方法

1. 经营秘密的定密原则

与技术秘密不同，经营秘密侧重于保护企业的日常运营，目的在于提高企业运行效率的基础上降低运营成本，把握市场竞争优势，且经营秘密不涉及技术资料，绝大多数为营销、财务等方面的资料。因此在经营秘密定密时主要考虑价值性。例如，有些企业的客户名单中所显示的客户名称地址等信息都是公开的，但是每个客户的不同喜好、对不同产品的需求量、客户购买能力和购买趋势的变化却是企业销售部门经过长期销售总结出的重要信息，这些信息才是价值所在。如果一份客户名单仅仅记载客户名称、地址的简单信息，那么该名单缺少必要的价值性，一般不认定为经营秘密，企业应把更多的资源用于保护更为重要的经营秘密。

在上海审理的上海 A 公司与 B 某等人技术秘密纠纷一案中，原告上海 A 公司对其所具有的经营秘密陈述的内容包括以下几点。① C 集团对于钢结构项目施工设计的具体需求及原告的初步设计、C 集团过去项目的特点和规模、上海 A 公司与 C 集团的联系途径和报价，载体为钢结构制作要求说明及项目基础图的邮件打印件、上海 A 公司签订的关于控制系统买卖的合同传真件。② D 集团的招标信息及上海 A 公司的初步设计、D 集团对于钢结构项目施工设计的具体需求、D 集团过去项目的特点和规模、C 与 D 集团的联系途径和报价，载体为关于鸡舍项目的邮件打印件、原告上海 A 公司的设备购销合同（仅有原告的签章）、D 集团养鸡设备招标文件、养殖场建设计划的打印件。③ 原告钢结构产品的成本价格及构成、报价及原告对客户的需求分析，载体为关于肉鸡配套表、钢结构项目内部报价及材料规格的邮件打印件。

2. 经营秘密的定密部门

由于经营秘密不涉及技术信息，在组建经营秘密定密小组时，主要包括公司负责人、财务部、法律部、人事部、销售部等部门负责人。

通常定密小组的工作内容如下：

（1）落实企业制定的经营秘密管理制度和工作规范；

（2）检查、培训各部门的经营秘密定密工作；

（3）制定经营秘密申报流程及定密规范；

（4）负责审核各部门申报的经营秘密并确定保密内容、保密级别、知悉范围、保密期限等事项；

（5）参与制作并动态管理经营秘密档案；

（6）处理泄密风险和法律纠纷等。

3. 经营秘密密点的申报

对于技术秘密而言，各个技术功能模块之间需要相互组合形成完整的技术方案，因此具有体系化特点。与技术秘密不同，经营秘密不具有技术效果，而且多处于松散状态，比如一份客户名单就能够单独形成经营秘密，而无需与其他经营信息组合使用，因此经营秘密具有独立性、多样性、非组合性等特点，也就很少需要拆分。各部门在进行申报时，可以将不同类型的经营信息单独申报，无需形成体系申报。定密小组在审核通过后，可以将经营秘密分门别类管理。

表 9-2《经营秘密申报表》供企业参考使用。

表 9-2 经营秘密申报表

编号：　　　　　　　　　　　　填报人：　　　　　　　　　部门：

经营信息名称					经营信息类型		□ 销售 □ 采购 □ 财务 □ 人事
知悉人员	序号	姓名	部门	岗位	知悉程度	备注	
	1						
	2						
	3						

续表

经营信息概述	一、生成时间和过程 二、秘密点 三、优势及效果
附件目录	
定密小组审核	

4. 经营秘密密点的审核

经营秘密密点的审核是指定密小组根据申报人的密点申报材料，按照一定规则确认该经营信息是否构成经营秘密的审批程序。只有在符合一定标准的情况下才能够认定为经营秘密。同样的，定密小组在审核过程中，主要是从程序要件和实体要件两方面进行考量。

程序要件主要是指申报人填写的《经营秘密申报表》内容是否足够详细完整，提交的附件是否匹配，是否对该经营信息秘密点做出了清楚完整的说明。

实体要件主要是指该经营信息是否符合秘密性、价值性特点。与技术秘密不同，一般来说，经营秘密的审核无需经过复现程序。

秘密性是首要审核要件。定密小组可以考核两个问题：第一，该项经营信息是否在中外公开出版物上发表过？第二，该项经营信息是否通过展览会、展销会等方式公开过？在上述途径都未公开的情况下，可以初步判断该经营信息具有秘密性。

价值性也是重要审核要件。定密小组在审核过程中可以考量的价值性要素主要包括四个方面：第一，该经营信息是否获得难度较大？第二，该项经营信息能否为企业带来经济价值？第三，该项经营信息市场价值的时效性如何，是否能在未来长期为企业带来经济价值？第四，该项经营信息在行业内是否存在可替代性？从以上四个方面考量，可以对申报的经营信息是否有必要作为经营秘密保护作出基本判断。

二、商业秘密的分级

1. 商业秘密分级的概念

商业秘密分级，是指根据企业技术信息、经营信息等商业信息对于企业的重要程度分成不同的等级，并分别采取与之对应的保护措施和管理制度等。企业可以参考国家秘密保护的分级方式，将商业秘密划分为"绝密""机密"和"秘密"三级。对于中小企业，也可将商业秘密划分为两级，即"核心商业秘密"和"普通商业秘密"。

核心商业秘密是指投入成本高、经济价值大、自主创新性强、一旦泄露可能威胁企业生存和发展、对企业造成全局性损害或重大损失的商业信息。

普通商业秘密是指具有一般成本投入和普通经济价值、具有自主创新性、一旦泄露可能削弱企业市场竞争力，对企业造成局部性损害或一般损失的商业信息。

一般来说，核心商业秘密均为涉及公司发展和利益的重大研究项目和重大决策，一般应由企业管理层作出最终认定为宜，其知悉范围也只限于公司主要领导和直接实施人员。而普通商业秘密的知悉范围可以适当扩大，避免知悉范围过窄而影响企业正常经营。

2. 商业秘密分级的方法

商业秘密分级主要考量因素为经济价值、投入成本、保密难度、泄密损失四个方面，为了能够更加科学合理地做出分级，企业可以制定适合自己的分级表，确定哪些商业秘密属于核心，哪些商业秘密属于普通。

表9-3《商业秘密分级表》供企业参考。

表9-3 商业秘密分级表

初级维度	细分维度	分值说明	打分（满分10）	权重（%）
经济价值	核心程度	非核心技术：0—3分 较为重要：4—7分 核心技术：8—10分		
	创新程度	行业一般创新：0—3分 行业较大创新：4—7分 行业巨大创新：8—10分		
	可替代性	容易替代：0—3分 难以替代：4—7分 不可替代：8—10分		
	实用情况	待转化：0—3分 已转化，规模中小：4—7分 已转化，规模大：8—10分		

续表

初级维度	细分维度	分值说明	打分（满分10）	权重（%）
经济价值	应用范围	狭窄：0—3分 广泛：4—7分 非常广泛：8—10分		
经济价值	对企业经济效益的影响	较小：0—3分 较大：4—7分 巨大：8—10分		
投入成本	研发成本	小：0—3分 中：4—7分 大：8—10分		
投入成本	来源渠道	少部分自主研发：0—3分 主要部分自主研发：4—7分 大部分自主研发：8—10分		
保密难度	反向工程难度	容易：0—3分 有难度：4—7分 难度巨大：8—10分		
保密难度	保密难度	难以保密：0—3分 难度适中：4—7分 难度不大：8—10分		
泄密损失	直接经济损失	小：0—3分 中：4—7分 大：8—10分		
泄密损失	间接经济损失	小：0—3分 中：4—7分 大：8—10分		

备注：表中各项数值和权重可根据需要进行调整，细分维度可根据需要进行更新。

三、商业秘密的解密

有定密就会有解密,虽然商业秘密的保密期限基本由企业自主决定,但已经没有保密必要的商业秘密如果仍然保持保密状态,会增加企业不必要的成本和负担。

(一)解密需考虑的因素

解密需考虑的因素主要如下:

(1) 是否已为社会公众所知悉。为社会公众所知悉的情形主要包括媒体已经公开、同行已经广泛使用、相关领域技术人员已经普遍掌握等。因法律规定或者双方约定而负有保密义务的人知悉该商业秘密不构成为公众所知悉。

(2) 是否仍然能给企业带来经济价值或带来竞争优势。

(3) 保密措施是否需要企业支付较高的成本。

(二)解密流程

企业的商业秘密管理部门或定密小组应负责定期对商业秘密的上述因素进行排查,对于符合解密条件的,在与该商业秘密相关的部门会商后,提出解密意见并说明理由,报企业主管领导审议决定。

第十章 企业涉密人员的管理办法

扫描图中二维码
查看本章思维导图

一、涉密人员管理概述

（一）涉密人员的范围划分

企业涉密人员是指在工作中管理、知悉、接触企业商业秘密的员工。企业全体员工都应当对企业的商业秘密负有保密义务，不得实施任何泄露商业秘密或危害商业秘密安全的行为。但是若对全体员工都进行保密管理，由于人员范围太广，难以采取有针对性的措施，容易造成管理成本高但效果差的结果。因此，有保密工作经验的企业往往会先划定涉密人员范围，将能够直接管理、知悉、接触到商业秘密的员工认定为涉密人员，根据企业商业秘密保护制度对这部分员工进行特殊的管理。

哪些员工可以认定为涉密人员？通过什么标准划定涉密人员？在日常实践中，涉密人员的划分标准一般考虑两个方面。其一，依据岗位划分。结合岗位性质和工作职责，若具有接触商业秘密信息的可能，那么该岗位人员即为涉密人员。其二，依据项目划分。某工作项目实施过程中涉及商业秘密，那么参与该项目的员工即为涉密人员。

涉密岗位员工主要包括以下几种：① 高级管理人员。例如董事、监事、总经理、副总经理等，这些管理人员在日常工作中会高频次地接触到公司发展战略、经营部署以及各部门的核心资料，属于核心涉密人员。② 研发人员。他们能够接触到企业的技术资料，掌握着企业的研发进度，属于涉密人员。③ 销售、财务、人事等重要部门负责人及重点岗位工作人员。销售部门了解企业的营销计划、客户名单等重要经营秘密；财务部掌握企业财务预算、资金状况等重要财务信息；人事部掌握劳动合同、员工收入、招聘规划等重要人事信息；以上都属于接触企业经营秘密的涉密人员。④ 档案管理人员。他们日常工作能全方位接触企业各项档案，常常涉及企业核心商业秘密，也是重要的涉密人员。

涉密项目主要指的是项目的背景、启动、实施、效果中的一项或者多项涉及商业秘密的项目，例如技术研发项目、对外投标项目、委托加工项目、合作开发项目等，尤其是涉及与外单位合作的项目，这些工作人员不仅能够接触本企业内部商业秘密，还能够接触外单位的商业秘密，应当履行多重保密义务。因此，这些工作人员也应当纳入涉密人员的重点管理范围。

（二）涉密人员管理原则

1. 分级管理

商业秘密可以分级管理，同理，涉密人员也可以分级管理。例如，将接触绝密级商业秘密的人员划定为核心涉密人员，接触机密级商业秘密的人员划定为重要涉密人员，接触秘密级商业秘密的人员划定为一般涉密人员。对于不同级别的涉密人员，企业应分别采取不同管理措施，这也是做好涉密人员管理的重点和难点。目的是在保密资源有限的前提下，针对不同类别的涉密人员采取不同管理措施，合理配置资源，提高保密管理效能，实现最优保护效果。

2. 严格审查

按照统一的审查标准，对拟在涉密岗位和项目中工作的人员进行审查，是涉密人员管理的重要环节。企业应当按照如下三个原则对涉密人员进行严格审查。

一是全面审查，要对所有部门岗位、项目的涉密人员进行保密审查，确保涉密人员专业可靠，并将所有涉密人员纳入保密管理范围。

二是先审后用，审查工作应该在涉密人员上岗之前完成，只有通过保密审查的人员，才能到涉密岗位开展工作，审查尚未结束或未通过审查的人员，不能到涉密岗位任职。

三是定期复审，涉密岗位发生变化、涉密等级发生调整、涉密人员个人情况发生变化等，这些都会对涉密人员是否能够继续从事涉密工作造成影响。因此，涉密人员管理部门应当根据管理制度定期复审。

3. 全程监督

要对涉密人员实施全过程、全方面管理，综合运用教育培训、签订承诺书等多种手段，确保上岗、在岗、离岗等各环节无缝衔接，不留管理死角。企业可以通过如下三种手段加强对涉密人员的全流程监督：

一是加强上岗前教育培训和指导。对拟进入涉密岗位工作人员进行岗前保密教育培训，确保其熟悉保密法律法规，掌握履行岗位职责所需的保密知识和专业技能。

二是加强在职教育和管理。企业应当通过定期开展保密教育培训、组织涉密人员签订保密承诺书、实施重大事项报告以及履行保密职责考核等方式，对涉密人员进行日常管理和定期教育。

三是加强脱密管理。涉密人员离岗离职应实行脱密期管理，在脱密期内，涉密人员应当按照规定履行保密义务，不得违反规定就业，不得以任何方式泄露原单位的商业秘密或者自己使用、许可他人使用接触到的原单位商业秘密。

（三）涉密人员管理部门

涉密人员由保密部门和人事部门进行交叉管理，因此涉密人员的管理责任既在保密部门，又在人事部门，但二者侧重点有所不同。

保密部门的主要职责如下：

（1）制定商业秘密人员管理的规章制度；

（2）制定商业秘密人员考核及奖惩办法；

（3）协调各部门进行商业秘密保护和涉密人员管理；

（4）调查商业秘密泄露事件。

人事部门的主要职责如下：

（1）拟涉密人员背景调查及任职条件审核；

（2）涉密人员在职管理和考核；

（3）涉密人员的脱密管理；

(4) 负责涉密人员的教育培训及考查工作;
(5) 负责保密协议、竞业限制协议及相关保密承诺书的签署。

二、涉密人员任职管理

(一) 涉密人员的基本任职条件

对于企业拟任用的涉密人员,可以参考以下四个因素,制定符合本企业具体情况的任职条件:

(1) 在思想意识方面,具有较强的保密纪律观念,能够自觉保守商业秘密,无任何影响商业秘密安全的情况;

(2) 在品行条件方面,具有良好的道德品质,忠诚可靠、品行端正、认真负责,无刑事犯罪记录,无吸毒、赌博、酗酒等不良嗜好;

(3) 在能力条件方面,具有从事涉密工作所要求的保密知识和专业能力,具有独立思考和判断能力。

(4) 在体能条件方面,身体健康,没有可能带来泄密风险的疾病。

(二) 涉密人员的任职背景调查

涉密人员在日常工作中会接触到企业商业秘密,也就存在因过错而泄密的可能性。商业秘密的安全对一个企业来说至关重要,尤其是对以技术秘密为主要竞争优势的企业,泄密造成的严重后果不堪设想,甚至会直接影响一个企业的生死存亡。因此,企业在任用涉密人员时,除了按照基本条件进行初步筛选外,还应对涉密人员是否符合任职条件进行具体的背景调查。考虑到调查的周期和成本,对于接触一般商业秘密的普通涉密人员,可以仅要求该普通涉密人员签订承诺书即可。对于接触核心商业秘密或者拟在核心涉密岗位任职的核心涉密人员,应当进行严格的任职前背景调查。对涉密人员入职前的背景调查可以参考如下几个方式进行。

(1) 首先要求拟任用涉密人员对自己的生活经历和工作经历等基本

信息填表说明，内容可以包括家庭成员、教育背景、工作经历、社会关系、个人奖惩情况等。

（2）人事部门对拟任用涉密人员的基本信息通过调档的方式进行核实，主要核实该员工的基本身份信息、家庭成员、教育背景、工作经历、是否存在刑事犯罪记录等关键信息。

（3）人事部门对拟任用涉密人员的其他信息可以通过回访的方式进行核实。所谓回访，主要是指访问该涉密人员就读过的学校、工作过的公司等相关负责人，了解该人员的学习和工作表现。人事部门可以通过电话或邮件等方式进行调查，必要时也可以面谈调查。询问的问题应当尽量具体，便于受访者理解和回答。例如：该涉密人员离职前所在部门、岗位、职责；该涉密人员离职原因是什么；该涉密人员在原单位有无被处分情况；该涉密人员是否从事过涉密工作、是否有过泄密行为；该涉密人员与原单位是否发生过法律纠纷或其他纠纷。

若企业拟任用的核心涉密人员数量较少，那么一般由人事部门进行背景调查。若企业拟任用的核心涉密人员数量较多，而人事部门无法承担逐个调查核实的工作任务时，企业可以委托给专门的调查机构，提高调查效率。

（三）上岗前的保密教育培训

无论是否有涉密工作经验，只要是进入企业涉密岗位或涉密项目，就非常有必要进行上岗前的保密教育培训。因为不同企业之间的商业秘密保护制度会存在差异，即使在原单位从事过涉密工作，具有一定的经验和常识，但在现单位不一定能继续适用。上岗前的保密教育培训，能够使拟任用的涉密人员全面了解本企业内部保密制度，了解企业的商业秘密体系和采取的保密措施，使得员工知道可为与不可为之间的界限在哪里。这既是对企业商业秘密的保护，又能够防止员工因过错导致泄密而承担法律责任，所以也是对员工个人的保护。另外，上岗前的保密教育培训还能够起到固定证据的作用。根据我国诉讼法中关于举证责任的分配原则，在商业秘密侵权案件中企业需要举证证明本企业已采取了适当的保密措施，其中一项就是证明公司已对员工进行了保密培训，告知了员工保密义务。对员工进行上岗前保密教育培训，应当要求受训员工在培训记录上签字，这就能够证明员工确已知悉本企业保密制度。

对于上岗前的保密教育培训，可以采取一对一的方式，由人事部门协同拟任用部门负责人共同负责。其优点在于能够更有针对性更加全面地讲解本部门本岗位的保密要求，其缺点在于耗费的人力资源和时间成本较高。企业也可以选择集中培训，即将本周或本月即将被任用的涉密人员组织起来，开设统一的培训课程。这种方式的优点在于耗费较少的人力资源和时间成本即可完成培训，但是缺点在于只能讲解本企业的笼统的保密制度，无法根据岗位特点采取更细致的讲解。以上两种方式各有利弊，企业可以根据自身需要选择使用。

（四）保密协议和保密承诺函的签署

在完成了任职背景调查和上岗前保密教育培训之后，签订保密协议和保密承诺函也是非常有必要的，这代表该涉密人员了解并认可其在涉密工作中的保密义务及法律责任。

保密协议的签署可以在员工从事涉密工作的任何阶段，包括任用时、在职期、离职前等任一阶段。实践中企业一般是在任用时就与涉密人员签订保密协议。在进入涉密工作后，往往出于同事之间的信任，会忽视保密协议的补签，这就会加大后续再补签保密协议的难度。因此，建议企业在任用涉密人员时就根据企业制度把所有保密工作一次性实施到位，包括签署保密协议和保密承诺函。

需要说明的是，保密协议是基础性文件，而保密承诺函是补充性文件。也就是说保密协议是企业与涉密人员必须签署的，而保密承诺函则并非必须。保密承诺函的作用在于警示涉密人员，即涉密人员签署保密承诺函代表了一种自愿的承诺，这个签署行为能够对涉密人员起到提醒、教育和警示作用，可以当作保密协议的附件。若涉密员工只签署保密协议，不签署保密承诺函，并不会影响员工保密义务的履行和法律责任的承担。

（五）涉密人员的档案建设

对每个涉密人员进行涉密档案建设是很好的监督措施，能够按照时间先后顺序反映涉密人员从任用到脱密的工作情况。建档的要求主要如下。

（1）人事部门的建档对象为全体涉密人员，是为了动态留存涉密人员涉密工作及变动情况，便于高效管理和服务涉密人员。涉密档案应当单独管理，不得与普通人事档案混同。

（2）员工开始从事涉密工作时，人事部门可以为其制作《涉密人员登记表》，登记内容包括姓名、所属部门、从事岗位、工作内容、涉密等级等，由涉密人员填写完成，部门负责人或项目负责人审核后，存入涉密档案。

（3）当年年度工作结束时，各部门安排涉密人员填写《涉密人员年度工作登记表》，登记表内容包括姓名、所属部门、从事岗位、年度工作基本情况、保密意见和建议等。经部门负责人或项目负责人审核后，存入涉密档案。

（4）涉密项目结束时，项目负责人安排项目涉密人员填写《涉密人员项目登记表》，登记内容包括姓名、所属部门、项目名称、项目基本情况、个人涉密工作基本情况、保密意见和建议等。项目负责人审核后，存入涉密档案。

（5）涉密人员工作内容发生变动时，人事部门应当及时更新《涉密人员情况变动登记表》，存入涉密档案。涉密人员工作内容变动主要包括从涉密工作转为非涉密工作、从普通涉密岗位转入核心涉密岗位，以及涉密人员的进修、离职、退休等变动情况。

（6）部门负责人、项目负责人或其他有工作需要的人员，需要查询涉密人员的涉密档案的，应当填写《涉密情况查询登记表》，向人事部门提出申请，经核准同意后，可以在人事部门工作人员在场监督的情况下，查阅涉密档案。

（7）涉密人员档案电子化管理，纸质档案信息要同步录入档案电子管理系统，便于更快地检索和查询。

三、涉密人员在职管理

（一）涉密人员的在职培训

前面讲到涉密人员在上岗前应当进行保密教育培训，保密培训不是一次性的，不应仅限于在上岗前培训，培训应当贯穿涉密工作的全程。企业对涉密人员应当定期或不定期开展保密培训，其目的在于促使涉密人员树立保密意识、掌握保密技能、遵守保密制度、避免涉密人员泄露商业秘密。

人事部门作为保密培训的组织部门，具体工作如下：第一，制定保密培训大纲、撰写保密培训教材，培训内容应当涵盖系统的保密法律法规和实操技能训练，尤其是那些与其日常工作直接联系、容易出现漏洞的环节，比如涉密文件保管、涉密资料复制、涉密信息传输等方面的工作。第二，做好年度保密培训计划，包括培训时间、人员、经费、内容等。所有涉密人员均应参加培训并考核，参加培训不得少于一定课时，考核结果作为涉密人员是否适合从事涉密工作的重要依据。第三，通过查看培训表、签到记录、课堂动态等，了解涉密人员的学习进度、考核情况，留存培训及考核记录。涉密人员参加保密培训情况记入涉密人员档案，并作为工作考核的依据。

保密培训的对象应当覆盖全体涉密人员。只要其工作内容接触或可能接触到商业秘密，无论是核心涉密人员还是普通涉密人员都应进行保密培训。保密培训人员除正式员工外，还应包括临时人员、外聘人员、借调人员等。

保密培训的种类分为日常保密培训和专题保密培训。日常保密培训包括商业秘密法律法规、企业保密方面的规章制度、涉密人员保密义务及责任、风险防范、典型案例等；专题保密培训包括出国前保密培训、参加外事活动前保密培训、参加重要涉密会议前保密培训等。

保密培训主要包括"保密意识培训""保密制度培训"和"保密岗位培训"三部分。第一，保密意识培训包括当前保密现状、过往典型案例等内容，利用案例通报、影视作品、警示教育等不同方式，通过对典型案例进行深入分析，揭示泄密带来的危害，增强保密人员保密意识的敏锐性。第二，保密制度培训重点包括国家保密法律法规和企业保密制度等内容，对有关保密措施以及相关规定进行系统学习，提升商业秘密保护的法律意识。第三，保密岗位培训包括岗位保密职责、保密防护技能等内容，帮助涉密人员掌握处理具体涉密问题的方法。

（二）涉密人员日常行为管理

涉密人员日常行为管理是指对在涉密岗位或涉密项目上工作的员工日常行为的规范管理和正确引导。通过保密制度的落实，对涉密人员在职期间的行为进行日常管理，避免造成企业商业秘密等保密信息的泄露。

第一，涉密人员应当对涉密工作定期汇报。涉密人员应定期以电子邮件或纸质报告等方式向负责人汇报涉密工作的进度。发送电子邮件的，应使用企业内部电邮系统，不得使用私人邮箱或其他第三方邮箱；通过纸质报告方式汇报的，应一对一提交报告，不得由他人转交。

第二，涉密人员应当严格保护涉密工作成果。在工作过程中形成的技术成果，无论是否已经通过定密程序确定为商业秘密，都应该先按照商业秘密的标准予以保护。涉密人员应客观真实记录该技术成果，使其能够复现，并按照企业定密制度和程序上报，不得对任何无关第三人披露。另外，对于企业已经认定为商业秘密的技术成果，涉密人员不得以论文发表、成果发布、申请专利等形式擅自向外披露。如果因为工作需要，涉密人员拟对技术成果的部分内容予以披露的，应当按照管理制度报请批准。

第三，涉密人员不得实施任何可能导致企业商业秘密外泄的行为，主要包括以下内容：不得在私人电子设备上储存、编辑、传送含有商业秘密的文件；不得用私人邮箱或者第三方聊天工具传送含有企业商业秘密的材料；不得在公共场所或存在泄密风险的其他场所谈论企业商业秘密；不得携带涉密载体外出游览、参观或者进入与涉密工作无关的场所；不得擅自引导外部人员进入企业涉密场所参观；不得在对外交流活动中，超出审批范围谈论企业商业秘密。

（三）涉密人员变动的管理

在工作期间，涉密人员不可避免会因为岗位变动、项目调动或者个人原因有所调整，或是从知悉这种商业秘密变为知悉那种商业秘密，或是从知悉核心商业秘密变为知悉普通商业秘密，抑或从知悉普通商业秘密变为知悉核心商业秘密。这些变动发生时，应当审慎做好交接和归档工作。

对于不应继续接触的商业秘密载体，涉密人员应当填写交接清单，在相关负责人的监督下，将商业秘密载体交接给原部门负责人或归档。对于不应继续进入的涉密场所，相关部门应当取消其门禁权限。对于不应继续访问的工作系统，相关部门应当注销其账号，取消该员工的访问权限。在办理完全部交接和归档手续后，经原部门和新部门负责人共同确认后，方能进入新的涉密岗位或项目从事涉密工作。

四、涉密人员脱密管理

（一）涉密人员脱密的程序

涉密人员脱密指的是曾经从事涉密岗位或涉密项目的人员因工作调动、离职、退休等原因脱离涉密岗位或退出涉密项目，不再接触企业商业秘密，不再从事涉及企业商业秘密工作的情形。由涉密人员变更为非涉密人员，企业保密部门和人事部门应协同其他部门根据具体情况办理相关手续并逐项进行审查，审查通过后完成脱密程序。

涉密人员的脱密审查程序主要包括以下几点。

第一,涉密载体的清退。涉密人员应当将企业配备的涉密计算机移交,并将本人持有的纸质涉密文件、电子涉密文件、涉密信息设备一并移交,涉密人员所在部门或单位负责人应指定专人核对移交的上述全部物品。

第二,涉密系统及场所的清退。企业相关部门应当收回脱密人员的系统访问权限及涉密场所的出入权限。

第三,核实保密协议的签署情况。在脱密期间,人事部门应当检查该涉密人员是否已经签署《保密协议》,未签署的应当补签。

第四,保密教育谈话。涉密人员脱密的,不代表该人员不再负有保密义务,脱密后的涉密人员应该继续承担保密义务,对企业的商业秘密守口如瓶。因此,脱密时进行保密教育谈话非常有必要。保密教育谈话的内容主要包括:告知涉密人员办理脱密的相关手续;总结涉密人员在涉密工作期间的主要工作内容;提醒涉密人员应当继续履行的保密义务;告知脱密期的管理制度和行为规范。

(二)涉密人员离职风险评估及竞业限制

有些涉密人员的脱密不是因为岗位变动或项目变动,而是由于员工离职。其区别在于因岗位或项目变动而脱密的人员,会继续在本企业内部工作,尚未脱离企业的监管,所以此类员工的泄密风险相对较小。但因离职而脱密的人员,即将离开企业,脱离企业的监管,甚至有可能前往同行业竞争对手公司工作,所以泄密风险相对较大。因此,对于即将离职的涉密人员,尤其是核心涉密人员,应当在履行脱密程序之外,进行离职风险评估,根据评估结果确认是否对该离职人员进行后续跟踪监管、是否对该离职人员进行竞业限制管理。原则上,企业的核心涉密人员离职的,为保护企业商业秘密及核心技术,应当采取竞业限制管理措施。

1. 离职风险评估

涉密人员离职风险评估是指各部门根据该员工在涉密期间的工作表

现、其掌握的企业商业秘密情况做出的该涉密人员离职后泄密风险的评估。参与评估的部门除了涉密人员所在部门之外，还可能包括人事部门、信息部门、法律部门、保密部门等。

涉密人员管理部门是最了解该员工商业秘密工作情况的部门，考察因素相对较多：

(1) 员工在近三年内参加的涉密项目数量、项目资金花费；

(2) 员工在近三年参与研发的技术成果的数量、价值、相关产品订单销量；

(3) 员工个人的研发能力、申请专利的情况、申报技术秘密的情况、发表论文的情况、获奖情况；

(4) 员工所接触和掌握的企业核心商业秘密数量、普通商业秘密数量；

(5) 员工的职位级别和岗位级别；

(6) 员工参加涉密工作的年限；

(7) 员工在企业内、行业内的重要程度等。

信息部门负责审核员工对涉密信息系统和场所的规范使用情况，主要考察方向如下：

(1) 员工使用涉密计算机、涉密打印机、涉密传真机等设备及使用企业管理系统中是否存在违规操作；

(2) 员工在离职申请前半年内是否频繁访问或下载与其工作无关的文件；

(3) 员工是否存在违规使用涉密场所门禁或者带他人违规进入涉密场所的情形。

法律部门负责审核该员工对法律规范及企业规章制度的遵守情况，从而评估其离职后的法律风险，主要考察方向如下：

(1) 员工及其直系亲属在离职前是否设立公司或投资其他公司；

(2) 员工是否与企业产生过法律诉讼或仲裁纠纷。

人事部门负责审核该员工的保密文件是否完备，主要考察方向如下：

（1）员工是否配合签署保密协议和保密承诺函；

（2）员工在职期间是否按要求参加保密培训和培训考核。

保密部门负责审核该员工的保密工作表现情况，主要考察方向如下：

（1）员工使用和借阅商业秘密载体是否存在违规；

（2）员工是否向企业申报商业秘密并配合复现工作；

（3）员工是否因为故意或过失存在泄密行为。

通过以上各部门的综合评估，企业基本能够确定离职员工在离职后的泄密风险，若评估为高风险的离职员工，建议企业对其采取竞业限制管理措施。

2. 竞业限制管理

对于离职后泄密风险高的员工，企业应当加强竞业限制管理。签署竞业限制协议是进行竞业限制管理的必要步骤，但竞业限制管理绝非仅仅签署《竞业限制协议》这么简单。签署协议，从竞业限制的业务范围、地域范围、竞业限制期限、竞业限制义务、违约责任等方面约定仅是最基本的管理措施，此外企业还应加强对该员工离职后的动态监督，及时了解员工对竞业限制义务的实际履行情况。

企业可以从以下方面监管员工的离职动向。

（1）员工是否在与本企业有竞争关系的单位内任职或以任何方式为其服务。是否建立劳动关系不影响风险的认定。

（2）员工是否与本企业的客户发生商业接触，比如为本企业客户提供服务、推销产品等。是否获得利益不影响风险的认定。

（3）员工本人是否直接或间接生产或经营与本企业有竞争关系的产品或服务。

（4）员工是否向与本企业有竞争关系的单位提供信息、咨询等服务。

（5）员工的配偶、父母、子女、兄弟姐妹等亲属是否实施了上述行为。

除了监管企业的离职员工的动向之外,企业应当根据《竞业限制协议》的约定,定期向离职员工发放竞业限制补偿金,并随时了解该员工的银行账号、联系方式、通信地址的变化并及时更新,企业和个人都应更加规范地履行竞业限制义务。

第十一章 企业涉密场所的管理措施

扫描图中二维码
查看本章思维导图

在市场经济蓬勃发展的大背景下,企业的竞争风险无处不在。保护企业的商业秘密就是保护企业的信息安全,保护企业的生存发展,保护企业的市场竞争力。企业应当不断加强保密工作,落实商业秘密的合规管理制度,为进一步保障涉密信息、涉密项目的安全,企业应当根据相关法律规定及本单位规章制度,对涉密场所进行重点管理。

一、涉密场所概述

涉密场所是指企业在日常工作中制作、产生、使用、存放、保管商业秘密及载体的专门场所。常见的涉密场所如下。

(1)研发实验室,是企业科研人员研发新产品或新技术的专用场所。尤其是对于高科技企业而言,技术项目研发情况是企业的核心商业秘密,因此用来从事研发活动的实验室及相关配套场所是企业重要的涉密场所。

(2)生产车间,是企业工人生产和制造产品、设备的专用场所。生产车间内有专用生产设备、专用仪器、产品样品等,是企业商业秘密转化为市场化产品,从而实现市场价值的重要一环,所以往往是企业的重要涉密场所。

(3)仓库,是企业存放生产原材料、生产设备、成品、半成品等物品的专用场所。企业会将采购的大批原材料、不同种类的货源、生产设备存放于仓库以备使用,再将生产加工的半成品或成品存放于仓库等待进一步加工或销售。从存放的这些物品可以分析出企业原材料来源地、供应商、产品出库量等重要商业秘密,因此仓库也是企业的重要涉密场所。

(4)机房,是企业存放服务器与网络设备的专用场所。尤其是对于从事互联网服务、软件开发类、游戏运营类的企业,服务器与网络设备中几乎存储了企业全部的数据信息,对企业至关重要,往往是企业的重要涉密场所。

(5)档案室,是企业存放商业合同、规划方案、研发资料等书面文件的场所。有些企业会单独设立涉密档案室，与普通档案相区分，专门存放涉密文件，这也是企业非常重要的涉密场所。

（6）涉密会议室，是企业召开技术研讨会、董事会议等涉密会议的专用场所。此类涉密会议通常会有研发人员、高级管理人员参与，参会资料往往包含技术项目研发资料、企业重大经营决策等商业秘密，因此也是企业非常重要的涉密场所。

涉密场所的安全与否关系到企业商业秘密的存亡，若对涉密场所管理不当，将很容易成为商业秘密的泄露出口。在广州法院审理的一件侵害技术秘密纠纷案件中，原告广州 A 公司为国内知名检测仪器公司，为广东省高新技术企业。案发时，原告的实验室正在研发测定仪的新技术，该技术为 A 公司独立研发，属于公司技术秘密，于是 A 公司通过制定公司保密制度、与员工签订保密协议等多项措施进行严格保密。A 公司诉称，本公司员工周某发现一名外来人员进入公司，绕过公司的来访登记门岗，进入了实验室，于是报警。经警察询问，发现该名外来人员为被告 B 公司的产品总监，在 A 公司查看了生产车间，并用手机进行了拍照。后来，案件因证据不足以证明被告 B 公司侵犯原告 A 公司技术秘密，法院驳回了原告的诉讼请求。但这个案例带给企业的警示是，仅靠保密制度和签订保密协议不足以保护企业商业秘密，对于涉密场所，企业应当加强监管，采取更加严格的安全防护措施，避免外来人员利用管理漏洞，"擅闯"涉密场所，造成商业秘密泄露风险。

二、确定涉密场所的管理原则

结合商业秘密保密工作的"突出重点"和"最小化"原则，涉密场所的确定及管理应遵循底线原则、可控原则和差异化原则。

（一）底线原则

所谓底线原则就是给涉密场所设置门槛，不是所有开展涉密活动的场所，诸如制作、存放、保管涉密载体等场所，都一刀切地划定为涉密场所。只有在一段时间内，经常开展涉密活动，经常制作、存放、保管涉密载体且达到一定频次要求的场所，才能确定为涉密场所。对于一些只是作为临时开展涉密活动或零散制作、存放、保管涉密载体的场所，不宜确定为涉密场所。比如，偶尔召开一次涉密会议的普通会议室，配备有密码柜临时存放一份涉密文件的办公场所等，一般不需要确定为涉密场所。

（二）可控原则

所谓可控原则是指在确定涉密场所时应当尽可能限定为内部专用、固定、独立，以及能够完全控制的场所。对于一些流动、开放、共享、无法管控的场所即便开展了涉密活动，也不宜确定为涉密场所，如有必要的，临时进行保密管控即可。

（三）差异化原则

对涉密场所的确定还必须遵循差异化原则，区分为一般涉密场所和重点涉密场所。如果对涉密场所不作差异化管理，则必然会增加管理成本，不便于日常工作和交流。将经常从事涉密活动和较多制作、存放、保管涉密载体的场所确定为一般涉密场所，比如保密岗位涉及的办公场所、涉密和非涉密科研同步开展的实验室等。将重点从事涉密活动和大量制作、存放、保管涉密载体的场所确定为重点涉密场所，比如涉密实验室、涉密档案室等。

一般涉密场所和重点涉密场所应在人防、物防、技防和场所管控等方面实施差异化管理。

（1）在人防上，一般涉密场所和重点涉密场所都必须明确涉密场所责任人，规范进出人员范围及权限等；重点涉密场所还必须对外来人员进出进行审批登记，建立专门人员值班制度等。

(2) 在物防方面，一般涉密场所和重点涉密场所都必须安装铁门、铁窗、铁柜等必要保密设施。

(3) 在技防方面，一般涉密场所和重点涉密场所都必须配备门禁系统、报警装置等；重点涉密场所还应当增设信号屏蔽等设备。

(4) 在场所管控方面，一般涉密场所在开展涉密业务时不得携带手机、平板、电脑等无线通信设备进入；重点涉密场所严禁将与工作无关的具有录音、录像、拍照、存储功能的设备带入。

三、主管部门职责划分

实践中，对于涉密场所的管理一般由企业保密管理部门带头，由各个涉密场所部门领导作为本部门保密负责人，根据"业务谁主管，保密谁负责"的原则进行职责划分与管理。

（一）企业保密委员会管理涉密场所的主要职责

(1) 负责公司涉密场所确定、变更和撤销的审定工作；
(2) 审定公司涉密场所的保密管理制度和风险防范措施；
(3) 研究、解决公司涉密场所管理中的重要事项。

（二）企业保密办公室管理涉密场所的主要职责

(1) 对公司涉密场所的保密管理工作进行指导、监督和检查；
(2) 负责公司涉密场所保密管理方案的制定；
(3) 负责公司涉密场所保密设施的安全运转及定期检查。

（三）企业涉密场所涉及部门负责人的主要职责

(1) 保证公司各项保密管理制度在本涉密场所的落实，确保商业秘密的安全；

（2）建立岗位责任制，把涉密场所的管理责任落实到人，对不适宜在涉密场所工作的人员要及时调离；

（3）确定进入涉密场所的范围，严格控制外部人员进入，对因工作需要进入涉密场所的外部人员，建立健全出入审批、登记等规章制度；

（4）对涉密场所的工作人员定期进行保密教育培训，使其增强保密意识，掌握必备的保密知识和技能；

（5）对涉密场所环境、涉密载体等进行日常检查，及时消除泄密隐患；

（6）发现工作人员违反保密管理规定或涉密场所发生泄密事件时，要及时报告并积极协助调查。

四、涉密场所的确定程序

要想有效管理企业的涉密场所，首先需要确定哪些场所属于企业的涉密场所，这一步骤就是我们说的涉密场所的确定程序。

首先，相关负责人可以根据该场所是否制作、产生、传递、使用、存放、保管商业秘密及载体初步判断该场所是否属于涉密场所。如果认为应当作为涉密场所进行保护的，需填写《涉密场所申请表》并提交保密办公室进行审核，审核通过的确定为涉密场所。《涉密场所申请表》的内容包括涉密场所名称、位置、负责人姓名及联系方式、涉及的商业秘密名称及范围、涉及的商业秘密密级以及采取了什么样的安全防范措施等。

其次，经审核确定为涉密场所的，由相关负责人制作《涉密场所登记表》并投入使用。《涉密场所登记表》的内容主要包括涉密场所名称、涉密场所位置、应当采取的防护措施、访问人员数量、姓名、工作单位、联系电话、访问权限等情况。

再次，对于审核确定为涉密场所的，由相关负责人签署《涉密场所保密责任书》，一方面能够责任到人，明确该场所负责人的保密义务和责任，另一方面能够起到提醒作用，激发负责人的保密责任心，更好地履行保密义务。以下《涉密场所保密责任书》供企业负责人参考。

涉密场所保密责任书

为了确保企业商业秘密的安全，维护企业的经济利益和竞争优势，根据国家法律法规及企业商业秘密保护制度，本人作为_____涉密场所的负责人，愿意严格履行以下保密义务和责任。

（1）自觉遵守国家商业秘密法律、法规、规章以及公司的保密制度，自觉接受保密监督，对工作职责范围内的保密工作负有领导责任。

（2）确保本涉密场所管辖范围内商业秘密的安全。

（3）结合本涉密场所的实际特点，制定并实施具体的保密管理措施。

（4）与本涉密场所内部涉密人员签订保密责任书，建立岗位责任制，把保密责任落实到人。

（5）组织本涉密场所内工作人员进行保密教育培训，增强保密意识，掌握必备的保密知识和技能。

（6）对本涉密场所内的涉密人员调动、离职、风险评估、竞业限制等申请提出意见。

（7）对本涉密场所内部涉密人员执行保密制度情况进行监督和考核。

（8）配合保密办公室定期对本涉密场所内的保密载体和保密措施进行检查，及时消除泄密隐患。

（9）在本涉密场所内涉密人员发生泄密事件时，积极采取补救措施。并及时向公司保密办公室报告。发现其他人员有可能泄露本涉密场所内商业秘密时，立即采取制止措施，并及时向公司保密办公室报告，避免风险扩大化。

若违反上述保密义务，本人愿根据法律规定和公司保密制度承担相应的法律责任。

涉密场所负责人签字：

日期： 年 月 日

最后，对于已经确定的涉密场所，如果情况发生变化需要对涉密场所作出变更时，由涉密场所负责人填写《涉密场所变更审批表》，提交保密办公室进行审核，审核通过的对涉密场所进行变更，并同步变更防护措施。《涉密场所变更审批表》中的内容包括涉密场所名称、位置、负责人姓名及联系方式、涉及的商业秘密名称及范围、涉及的商业秘密密级、变更理由等。

五、涉密场所的安全防护措施

对于企业涉密场所，公司应当采取安全有效的保密防护措施，通过采取人防、物防、技防三方面相结合的安全保密防范措施，进一步确保企业商业秘密安全。

（一）人防措施

人防措施，指的是依靠涉密人员的保密意识和能力建立起来的保密防护。建立涉密场所安全防护体系的关键是人，各部门应把涉密人员的保密培训、教育和管理放在首位，保密培训教育要覆盖全部涉密岗位，注重对涉密人员的保密意识、保密知识、保密技能的培养，提升涉密人员的保密素质和能力。加强人防，关键是要完善和落实保密工作责任制，明确各方面涉密人员的保密义务，加强保密工作的监督检查和考核。

第一，公司涉密场所内部涉密岗位的工作人员，因工作中会直接接触到涉密场所的商业秘密，应界定为公司的涉密人员，遵守企业涉密人员管理规定。例如，在上岗前应当进行涉密人员资格审查，不符合条件的，不得在涉密场所工作；还应当进行上岗前的保密教育培训，在具备基本保密意识、保密知识和保密能力后才能上岗。

第二，公司涉密场所内非涉密岗位的工作人员，从岗位职责看，这类工作人员并不直接接触企业的商业秘密，但可能是涉密岗位人员的助理、秘书等辅助人员。对于他们的管理虽然并不需要与涉密人员的标准一致，但也应当做到岗位职责明确，工作范围清晰，严格禁止接触企业商业秘密及载体。

第三，对公司涉密场所内的清洁、装饰等工勤人员，应当划定活动区域，安排专人负责管理。对于能够接触到商业秘密载体区域的工勤人员，在进入岗位前，由人事部门、保密办公室对其进行审查，确认合格并与其签订保密协议和保密承诺书后，方可进入工作岗位。且该区域工勤人员在工作期间应禁止携带手机、照相机、录音笔等有录音录像功能的电子设备。

第四，建立保密培训教育制度，开展经常性的保密培训教育工作，提高涉密人员的保密意识和技能。保密培训教育应当贯彻企业保密工作的始终。除了督促涉密人员积极参与公司组织的保密培训教育外，涉密场所负责人也应当组织本涉密场所内部的保密培训，结合本涉密场所的特点以及典型涉密案例，研究当前存在的保密问题以及针对性解决方案，增强本场所内涉密人员的保密技能。

第五，涉密场所要严格控制进出人员，禁止无关人员进入。这里所指的无关人员不仅包括企业外部人员，还包括企业内部其他工作部门或本工作领域的无关人员。需要注意的是，涉密场所内工作人员禁止将其他部门同事带到涉密场所，因工作需要必须进入涉密场所的企业内部人员，应当填写《内部人员进入涉密场所登记表》进行登记。

对于企业外部人员，可能出现访问或参观企业涉密场所的情况，例如同行交流、客户参观、媒体采访等。对于这种情况，应当由涉密场所负责人和保密办公室提前审批，并要求外来人员填写《外来人员进入涉密场所登记表》进行登记，同时根据具体情况限制外来人员携带手机、相机等电子产品进入涉密场所。

表 11-1 是《内部人员进入涉密场所登记表》，表 11-2 是《外来人员进入涉密场所登记表》，表 11-3 是《外来人员进入涉密场所审批表》，供企业参考。

表 11-1　内部人员进入涉密场所登记表

日期	姓名	部门	职务	是否携带录音录像及通信设备	进出事由	进入时间	离开时间	陪同涉密人员	备注

表 11-2　外来人员进入涉密场所登记表

日期	外来人员姓名	外来人员单位名称	职务	是否携带录音录像及通信设备	进出事由	进入时间	离开时间	陪同涉密人员	备注

表 11-3　外来人员进入涉密场所审批表

来访人员姓名		来访人员单位	
来访人员电话		来访人员携带物品	
来访事由			
公司陪同人员			
涉密场所名称			

续表

涉密场所负责人审批意见	签字（盖章）：　　　　　　年　月　日
保密办公室审批意见	签字（盖章）：　　　　　　年　月　日

（二）物防措施

物防措施，是指通过物资、设备、资源的投入，为企业开展商业秘密保护和管理工作提供物质保障，也是构建涉密场所安全防护的重要物质基础。企业应结合实际情况，将涉密场所需要的物资、设备、资源等保障经费列入预算，确保保密设施布置到位并有效发挥作用。

第一，涉密场所出入口应当安装门禁系统。涉密场所之所以重要就是因为内部存放有涉密载体，应当禁止无关人员进入，门禁系统是最常见的物防措施和最基本的保密措施。门禁系统可以设置不同权限，采取门禁卡、指纹识别、面部识别等方式，只对本涉密场所内部人员开设出入权限。

第二，涉密场所须安装防盗报警装置和视频监控装置。涉密场所内的物品发生异常移动、损坏等情形时,防盗报警装置将发出警报,工作人员能够及时制止可能存在的泄密行为。视频监控装置可以起到证据留存功能,也就是在涉密场所内出现异常行为,可能造成泄密风险时,可以通过调取视频监控,核实该异常行为,固定行为证据以及行为时间,为后续维权提供有力帮助。

第三,公司涉密场所须安装防护门窗。从建立全面防护的角度考虑,建议企业对涉密场所的所有出入口及门窗安装物理防护加固,使窃密者无法轻易进入,阻断泄密风险,保护涉密场所的安全。

第四,公司涉密场所需要配备专门文件柜存放、保管涉密文件、移动存储介质等商业秘密载体。存储核心商业秘密的还需配备保险柜,直接对商业秘密载体进行物理隔离,除直接使用人外禁止任何人接触保险柜。对于可以销毁的涉密纸质文件,应当使用专门的碎纸机进行粉碎销毁,禁止非涉密人员参与碎纸过程。

(三)技防措施

技防措施,是指利用现代科技手段对涉密场所进行保护,防止商业秘密泄露。现代科技迅猛发展并广泛应用于涉密信息的存储、处理、传输,商业秘密的安全很大程度上依赖于现代科技手段。特别是在建设科技保密系统时,要做到科技保密系统建设与商业秘密管理制度建设同步设计、同步建设、同步启用。对于重要涉密场所,应当采取相应的保密措施,配备完善的保密技术装备,共同发挥保密效能,避免保密死角。

涉密场所常见的窃听方式包括有线窃听、无线窃听等。防止有线窃听,可通过建设专用电话网的方式进行防范。防止无线窃听,可通过建设电磁屏蔽室的方式进行防范。

涉密场所常见的偷拍方式包括照相器材偷拍、手机偷拍和专用设备偷拍等。针对照相器材、手机、专用设备的窃照行为,可采取出入门禁控制、视频动态监控及录像等手段,结合电子检测探测设备进行防范。

涉密场所常见的电磁泄漏发射方式包括传导发射、辐射发射等。涉密设备集中、涉密程度高的场所,可通过建设电磁屏蔽室,配置电磁屏蔽机柜等方式予以防护。处理普通保密级别的设备，可以配备视频干扰器进行防护。

对于中小型企业而言，即使无法做到上述完备的技防手段，也需要采取相对基础的技防手段。

第一，企业涉密场所使用的涉密通信器材、涉密计算机等各类办公设备应符合相关技术标准，并进行保密安全技术检查，严格按照公司保密设备的保密规定进行管理。必要时，可聘请相关专业机构进行安全测评，通过检查测评确定无窃密泄密风险的情况下方能使用。

第二，企业涉密场所内，尤其是核心的涉密场所，企业可以禁止工作人员使用手机、平板及其他有泄密隐患的通信设备。为避免黑客入侵窃密，涉密场所的电子设备仅允许使用内部局域网，避免外部互联网接入。对于涉密场所内的电路插口，应当区分涉密插口和非涉密插口，需要充电的涉密设备应当使用涉密插口，员工的私人设备则使用非涉密插口。

第三，公司涉密场所内，未经批准禁止携带有录音、录像、拍照、存储等功能的设备进入涉密场所。一般情况下，涉密场所内应当禁止录音、录像、拍照等行为，但确有需要时，应当经过涉密场所负责人和保密办公室的批准，且检查设备不存在泄密风险的情况下方能带入使用。

第四，建议企业在涉密场所明显位置张贴《保密防范注意事项》，提醒所有进入场所内的人员遵守。《保密防范注意事项》的主要内容如下：

（1）不得擅自携带涉密计算机、涉密存储介质等外出；

（2）不得在涉密计算机与非涉密计算机之间混用优盘、光盘、移动硬盘等存储介质；

（3）不得将涉密计算机连接外部互联网或其他公共网络；

（4）不得在未采取防护措施的情况下将外部互联网或其他公共信息网络上获得的数据复制到涉密计算机等设备；

（5）不得擅自在涉密计算机上安装未知软件或复制拷贝文件；

（6）不得将涉密计算机、移动硬盘等通过普通快递、邮寄渠道寄送；

（7）不得擅自将涉密计算机等办公设备交给外部人员维修；

（8）不得在非涉密办公设备上存储、编辑涉密信息；

（9）不得使用非涉密电话、手机等通信设备传输或谈论涉密信息；

（10）不得将私人计算机、录音录像等设备带入涉密场所。

六、涉密会议场所的保密管理

涉密会议场所的保密管理，是保密工作的一个重要环节，稍有不慎，就可能造成泄密。为确保涉密会议安全，举办涉密会议应当落实保密管理规定，制定具体保密方案。

（一）会前做好预防措施

1. 选择符合保密要求的场所

涉密会议应尽量选择相对独立、安全可控的场所举办。一般而言，企业涉密会议应在本单位会议室进行；特殊情况下，也可以在其他符合保密要求的场所举办。

2. 使用符合保密要求的设备

召开涉密会议时应按照国家保密标准配备保密设备，对使用的设备应当进行保密技术检测，特别是话筒、音响、键盘、鼠标等不得配备无线模块，必要时还要加装移动通信屏蔽装置。在涉密会议召开前，应对会场及设施设备进行保密技术检查检测，并根据会议需要，配备保密文件柜、手机屏蔽柜等。

3. 进行保密教育培训

举办会议涉及商业秘密的，在会议召开前，主办单位应当对参会人员、活动人员、服务人员提出具体保密要求，对与会所有人员必须做到保密教育，严格会议纪律，明确保密责任，遵守保密要求，避免泄密风险。

4. 严格会议出入人员登记

涉密会议应根据会议涉密程度和工作需要，确定参会人员范围，审核参会人员资格，登记参会人员姓名、单位、职务等情况。

（二）会中做好现场管理

信息化技术的普及给涉密会议的安全带来难度，严禁携带手机等通信工具的规定常常不能得到全面落实，一些电子设备体积小、便于隐蔽，可能被用来窃听、录像。因此，涉密会议召开时，对相关设备的安全管控切不可麻痹大意。

会议进行中，主办单位不应松懈，应继续加强保密管控，检查有无违反保密规定的行为和泄密风险；通过会场内外巡查落实参会人员不能携带手机等电子通信设备参会的规定，督促参会人员按照要求将相关通信设备存放在会场外的屏蔽柜里；发现异常状况，第一时间排查可能存在的泄密隐患。

（三）会后做好设备回收

（1）做好涉密文件管理。涉密会议要求"会后收回"的文件资料，应确保参加人员在会议结束后已经全部交回并记录存档，并做好涉密文件等清点核对工作；参会人员不得私自留存涉密文件资料，不得擅自记录、录音、录像、拍照等，也不得擅自复制涉密文件资料。

（2）涉密会议结束后，在撤离会场前，会议主办方还应对会议场所进行全面检查，防止留下泄密隐患。确保没有泄密风险后，应及时收回保密技术设备，确保设备完好无损。

（3）做好新闻报道保密审查。做好涉密会议新闻报道的保密审查；个人接受媒体采访应当经过批准；未按照保密制度审批，会议内容不应透露给媒体，以防新闻泄密事件的发生。

第十二章

企业涉密载体的管理措施

扫描图中二维码
查看本章思维导图

随着市场经济的不断发展以及企业间不断深入的合作交流,与之伴生的是企业商业秘密泄密事件的频频发生,很多因涉密载体使用管理不善造成的泄密,引起了企业的高度重视,涉密载体的管理也应纳入企业商业秘密保护体系之中。涉密载体与企业商业秘密密切相关,是保密管理的重要目标。企业保密制度应当对涉密载体从生产、流转、保管、销毁各个环节都作出具体明确的规定,并采取有效措施监督规定的贯彻执行。

一、涉密载体概述

(一)涉密载体的定义和范围

商业秘密涉密载体,指的是以文字、数据、图形、图像、声音等方式记载商业秘密具体内容的纸介质、光介质、电磁介质等。

纸介质涉密载体指的是传统的纸质涉密文件、资料、书刊、图纸等。

光介质涉密载体指的是利用激光原理写入和读取涉密信息的存储介质,包括CD、VCD、DVD等各类光盘。

电磁介质涉密载体包括电介质和磁介质两种。电介质涉密载体,指的是利用电原理写入和读取涉密信息的存储介质,包括各类优盘、移动硬盘等;磁介质涉密载体,指的是利用磁原理写入和读取涉密信息的存储介质,包括软盘、磁带等。

(二)涉密载体泄密的风险点

涉密载体管理不当将直接引起商业秘密信息泄露的风险,企业常见的涉密载体引发泄密风险的情形主要是交接程序不当、外出携带导致泄密、保管措施不当等。例如,张某入职某企业成为涉密人员后,领取了一个存有多份涉密文件的U盘。五年后,张某调入其他部门,U盘并未交还,随其进入新部门继续使用。又过了一年多,工作人员王某向张某收回包括 U 盘在内的涉密载体,但并未办理交接手续。张某离职时声称当时 U 盘同其他物品一起被收回,工作人员王某称收到其他物品,但并没有收到 U 盘。本案中,张某反复强调已经将 U 盘交给王某,但由于未按要求履行交接手续,难以查明二人所说情况的真实性。对此,企业管理人员应引以为戒,对涉密载体的流转应及时办理交接和签收手续,随时掌握涉密载体的去向。

从这个案例可以看出,加强对涉密载体的管理对于企业商业秘密的保护尤为重要,若管理不当会直接导致商业秘密泄露或存在泄露风险,给企业造成严重的危害后果。企业应当建立健全完善的涉密载体管理制度,从涉密载体的制作到使用再到销毁,均应当遵循规范的程序,形成完整的监管流程,用制度防范泄密风险。

(三)涉密载体监管要求

涉密载体的管理和防护,是企业及全体涉密人员的责任和义务。保密部门应加强和完善涉密载体管理体系建设,增强管理的针对性和有效性。再好的制度,也需要涉密人员的配合、贯彻和落实,才能更大程度地发挥其应有的作用。

首先,企业应当健全涉密载体管理台账制度。涉密载体管理台账是涉密载体运行各个环节保密防护实际情况的真实记录,也是监督检查的重要抓手。企业应对台账种类、格式和内容作出明确规定,把涉密载体保密管理台账列为监督检查的必查内容,使其成为落实保密制度的动力源和控制阀。

其次,企业应当加强和完善涉密载体技术监控措施。涉密载体特别是移动存储介质的管理难度大,企业可以通过软硬件设备实现涉密载体的动态监管,在运行、加密、传输等环节实现对涉密载体的有效控制和实时监控。

最后,企业应当加强涉密载体的监督检查。保密检查始终是最直接有效的监管手段。特别是对于创新型企业,要不断完善保密检查制度,同时借助技术手段,提高发现、取证、处置这些违法违规行为的能力。通过对涉密载体实际使用情况的监督检查，确保涉密载体的规范使用。

二、涉密载体的制作与领取

（一）涉密载体的制作

涉密载体的制作是指对准备载入商业秘密的载体的制作过程，主要包括企业自行制作、委托外单位制作、从外单位采购等方式。对于一件全新空白载体，诸如纸质笔记本、计算机、移动硬盘、光盘、U 盘等，在载入商业秘密信息之前应当确保空白载体是安全的，重点注意防范被安装窃密软件。

有些企业尤其是以商业秘密为核心竞争力的创新型企业，自身的商业秘密多且重要，企业内部会设立专门的部门自行制作涉密载体，这样做的好处除了能够保障涉密载体的安全性，还能为企业节约成本。对于企业自身无法制作的涉密载体，比如计算机、服务器或其他设备，企业往往会委托信任的合作公司根据企业的要求定制。那些不以商业秘密为核心竞争优势的企业，无需费心费力自行制作涉密载体，一般是委托外部定制，或者直接从外部采购。

需要注意的是，无论是委托定制的涉密载体还是外部采购的涉密载体，在发放给涉密人员使用前，均应进行安全检查。一方面，主要是通过检查可以确保涉密载体的质量和效能，避免出现无法写入或者读写不稳定，造成商业秘密灭失的情形。另一方面，主要是检查涉密载体是否安装了泄密软件，避免涉密人员写入商业秘密后，信息内容被传输到外界，造成商业秘密外泄。

另外，无论是企业自制的涉密载体，还是委托定制的涉密载体，或者对外采购的涉密载体，企业保密部门都应当制作涉密载体登记表，对载体的数量、制作日期等信息进行记录和编号，确保后续能有效跟踪、管理涉密载体。

（二）涉密载体的领取

企业涉密人员从事涉密工作的，应当使用企业提供的涉密载体，不能使用私人载体，这是保护企业商业秘密的重要措施。对于涉密载体的领取，坚持按需领取和审批制度。按需领取也就是非必要不领取，目的在于避免涉密人员将商业秘密分散写入多个载体，导致涉密载体管理难度大。企业应当控制涉密载体的领取数量，鼓励涉密人员提高涉密载体利用效率，在工作必要情况下发放涉密载体。审批制度就是涉密人员领取涉密载体时应当比领取普通办公用品的审批更加严格，需要经过一定的审批程序后方可获取，这也是加强企业对涉密载体管控的重要方式。

首先，涉密人员应当填写《涉密载体领取申请表》，经过部门负责人审批同意后，在保密管理部门领取涉密载体。企业要加强涉密载体使用的管控，规范涉密载体的领取是第一步。《涉密载体领取申请表》记载内容包括领取人姓名、所在部门、工作岗位、载体名称、领取数量、领取原因、具体用途等基本信息，由部门负责人审批。

其次，保密管理部门应当对涉密载体的领取进行登记，以便后续核查涉密载体的使用情况。如果企业发生泄密事件，能够通过筛查登记表信息，迅速锁定涉案人员，提高泄密事件调查效率，有助于企业及时采取应急措施，降低泄密事件的危害后果。涉密载体领取登记表可以根据不同部门、不同载体类型分别登记和管理，登记内容除了包括领取人的姓名、所在部门、工作岗位、载体名称、领取数量、领取原因、具体用途等基本信息外，还应当记载部门审批人的姓名及联系方式，供企业后续核查及沟通交流。

保密管理部门在发放涉密载体时，应当告知涉密人员规范使用涉密载体，包括文件资料的草稿、废稿等规范处理的方式，并明确要求对涉密载体妥善保管。不再需要保留的涉密载体，也不得私自处理，需要根据企业制定的涉密载体销毁程序予以销毁。

三、涉密载体的标记与保管

（一）涉密载体的标记

标记能够起到一种公示作用，标记涉密载体看似简单，却意义重大，能让工作人员看到载体的涉密标记就知晓本载体记载有商业秘密，应采取必要保密措施，非涉密人员不得接触。涉密载体的标记应当统一规范，不是由使用人随意标记的。涉密载体的标记可以是"密级·保密期限"等形式，例如"绝密·长期""机密·10年""秘密·3年"。

涉密载体的标记应当在易于识别的明显位置。比如，企业可以规定纸介质涉密载体在封面或首页右上角以"密级·保密期限"的形式进行标记。光介质、电磁介质涉密载体应当在物体表面中间位置贴标签标注"密级·保密期限"，或在物体文件袋右上角做出标记。对于涉密文档，应当在文档首页右上角标记，或在文档中以水印的方式标记。涉密文档需要通过电子邮件传送的，不但文档要做出涉密标记，还应当在邮件主题或正文明显位置标记"密级·保密期限"字样。对于打印机、服务器或者其他大型设备，企业可以规定在设备明显位置用标签标注"密级·保密期限"。

（二）涉密载体的保管

涉密载体的保管不但包括涉密人员在使用过程中的保管，还包括对商业秘密定密后提交的涉密载体的保管。

涉密人员进行商业秘密申报定密后，需要将涉密文件提交至保密管理部门，此时保密管理部门应当清点并建立登记表，列明商业秘密信息名称、内容、密级、保密期限、知悉范围、载体编号等基础信息，将涉密载体存放于保密文件柜或特定涉密场所保管，无关人员不得接触。保密管理部门应当定期对涉密载体进行清点、核对，需要归档的要及时归档保管，需要销毁的应及时销毁，检查中发现可能存在泄密风险的要及时向保密管理部门报告。

与保密管理部门的统一保管相比,分散在涉密人员手中的涉密载体存在的泄密风险更大,因此强调涉密人员在使用过程中对涉密载体的保管更加重要。

第一,要规范存放。涉密人员在下班后或休息间歇,不得将涉密载体随意摆放,而应放置在安全保密的地方。比如,某企业涉密人员李某到商业秘密档案室领取了多份纸质涉密文件。回到办公室后已是下班时间,因家中有事,遂将涉密文件放置在办公桌上离开。第二天上班,公司安排李某外出学习,并要求立即报到。因工作安排紧张,李某未及时将涉密文件放到保密柜中保存,导致涉密文件下落不明。本案中,李某对涉密文件及载体的保管显然没有遵守保密制度,没有意识到涉密材料遗失的严重后果。由此可知,企业应当要求涉密载体持有者加强保密意识,必须选择安全保密的场所和设施存放涉密载体,并配备必要的保密设备,如保险柜等。涉密载体持有者离开办公场所,应当及时将载体存放在保密设备里,消除泄密隐患。

第二,要加强系统防护。涉密人员使用涉密计算机等载体应当设置密码并定期更换,且不得擅自卸载、停用或屏蔽保密防护管理程序。

第三,一般情况下,不要携带涉密存储介质等载体外出,确因工作需要携带的,应当经相关负责人批准,外出途中要妥善保管,不能让涉密载体脱离有效控制。比如,某企业工程师刘某携带一张涉密光盘,到企业外部开展培训。培训期间,刘某曾将涉案光盘放入上衣口袋,之后以步行、骑行、公交等方式外出购物和用餐,第二天中午发现光盘遗失。经调查确认,涉案光盘被环卫工人清扫进垃圾桶,运往垃圾站焚烧。本案中,刘某因担心光盘留在宾馆不安全,便将光盘放置在上衣口袋,认为随时携带才更安全,不料反而遗失了涉密载体。企业涉密人员应尽量避免携带涉密载体外出,确因工作需要而携带的,应选择安全的交通工具,避免经过人流密集区域,并且要及时检查验证载体是否安全。涉密人员在外出携带涉密载体期间,应当采取有效措施,使涉密载体始终处于携带人的有效控制之下。

第四，涉密载体因故障不能正常工作时，涉密人员应当提交至企业规定的专业部门维修，不得私自拿到企业外部维修。需要请人上门维修的，应由使用人员全程在场监督，防止涉密文件被打开或者复制。

四、涉密载体的借用与复制

（一）涉密载体的借用

企业员工或因技术研发需要，或因参会需要等，不可避免地会借用企业涉密载体。因工作需要借用涉密载体时，借用人应当填写涉密载体借用申请表，写明借用原因、借用时间、借用人等事项，经部门负责人同意后，向保密管理部门提出申请。保密管理部门应当做好借用登记，方能借出涉密载体。

员工借用涉密载体的，一般应当符合下列要求。

（1）应当在符合保密要求的指定办公场所进行，不得将涉密载体带出指定办公场所。确需带出指定办公场所的，应当经保密管理部门批准，并签署借用书面承诺书。原则上，涉密载体不得带出企业。

（2）因工作需要携带涉密载体外出的，应当履行审批手续，并采取保密措施。携带商业秘密的涉密载体外出的由保密管理部门审批，并签署借用书面承诺书。

（3）因工作需要向其他部门提供涉密载体的，同样应当履行审批手续。经批准向有关部门提供涉密载体，应当与接收部门签署交接记录。

（4）借用涉密载体必须按期归还并做好归还登记，到期仍需使用的应办理续借手续；保密管理部门对逾期不还的借用人，应及时催促归还。

（二）涉密载体资料的复制

涉密载体资料的违规复制是造成商业秘密失控的重要原因，主要是员工擅自复制留存涉密文件资料，导致企业脱离对涉密载体的有效管控，对商业秘密安全构成极大的威胁。保密管理部门在涉密载体监管中，应不断加强对复制载体文件的跟踪监督管理，杜绝违规复制，确保信息安全。

1. 严格执行复制资质审查制度，限制商业秘密知悉范围

涉密载体复制资质管理，是防范涉密载体泄密的关键环节。保密管理部门应当对涉密载体复制资质进行审查审批，对于申请复制涉密载体的部门或员工，应当审查其是否属于所涉商业秘密的可知悉范围，不得超出知悉范围擅自复制、使用企业的商业秘密。

2. 加强复制程序管控措施

对复制管控不力、随意扩大复制范围等问题，是造成涉密载体失控的根本原因。企业可以通过以下几种方式加强复制程序的管控措施：严格审批程序，做到全部复制必须按程序报批，经主管领导审批签字后方可复制；只有涉密文件的管理人员才是合法合规的复制经办人员，所有复制必须由涉密文件的管理人员复制，其他人员包括企业高管都无权经手；复制完成后由涉密文件的管理人员登记，记录清楚复制份数及流向；复制件管理等同原件。

3. 落实涉密复制设备专人负责

除了涉密复制设备明确由涉密文件的管理人员负责使用外，企业内部其他打印机、复印机、扫描仪等复制设备，原则上设定为非密设备，一律禁止复制涉密信息及其载体的相关资料。

4. 提高涉密电子文档保密监控能力

随着办公自动化的普及，涉密存储设备和涉密文档的监管难度加大，个人擅自复制涉密文档的问题突出。企业要加强涉密文档查阅权限控制和使用规范的技术控制；必要时，建立涉密文档技术监控系统，提高针对违法行为的监控能力，确保堵住泄密漏洞。

五、涉密载体的销毁

在涉密载体达到使用年限或者因其他原因无保存必要时，企业可以对涉密载体统一销毁，但许多企业因销毁措施不当，导致存在泄密风险。

（一）普通涉密载体的销毁

对于纸介质涉密载体，绝大多数企业都具备销毁能力，需要注意的是销毁程序的管理，避免因程序不当导致泄密。具体如下：

（1）保密管理部门认为需要销毁的涉密载体，应当通知相关部门负责人；涉密人员认为需要销毁的，经保密管理部门同意后销毁；销毁前应当履行清点登记手续；

（2）对需要销毁的涉密载体，应当在符合保密要求的场所使用专业的粉碎设备销毁；

（3）涉密载体的销毁应由两人以上完成，销毁人员及监督销毁人员都要在销毁记录上签字；

（4）禁止未经批准私自销毁涉密载体的行为，禁止将商业秘密载体作为废品出售或抛弃。

（二）大型涉密载体的销毁

大型涉密载体的销毁是许多企业面临的难点，主要问题如下：需销毁的涉密载体存在运输安全隐患；企业内部销毁涉密计算机、打印机等设备的能力不足，达不到安全销毁的标准；涉密载体如大型设备等在企业内部难以销毁，需要送至外部专业机构销毁，企业应审慎、合理地选择外部销毁机构；在选择销毁机构时，企业应当考察机构的销毁能力和信赖程度，选择信用度高的企业，避免在销毁过程中被竞争对手以非法手段获取其商业秘密。

第十三章

异常行为的识别与监控

扫描图中二维码
查看本章思维导图

商业秘密是许多企业重要的无形资产，尤其是技术秘密研发成果大多是高新技术企业的"生命"，这些核心技术以及相关的经营信息能为企业维持竞争优势、创造宝贵的财富，属于不为他人所知的商业秘密，理应受到严格的保护。企业在制定了一系列商业秘密保护制度后，具体实施情况如何，是否能够及时识别和监控违反保密制度的行为，是否能够第一时间阻断可能存在的泄密风险，是评判企业商业秘密保护水平高低的重要标准。制定管理制度不是目的，制度能够应用于日常涉密工作，能够有效保护企业商业秘密才是最终目的。因此，如何对商业秘密异常行为进行识别和监控，是企业需要重点考虑的问题。

一、商业秘密异常行为有哪些

商业秘密异常行为是指企业员工实施的、造成或可能造成企业商业秘密泄露、导致企业利益受损的行为，包括商业秘密违法行为、商业秘密违规行为和商业秘密高危行为。在涉密工作中，企业不仅要对违反国家法律规定、违反企业保密制度的行为进行识别，阻断已经造成或可能造成的泄密风险，还要对虽然尚未违反法律规定和企业保密制度，但不合常理，可能存在泄密风险的异常行为进行识别，防患于未然。

王某原本是在 A 公司担任主管职务，其离职后教唆 A 公司在职员工李某、黄某通过电子邮件、社交软件向其提供采购物料清单、供应商信息等重要商业秘密资料数十份，谋取个人利益。A 公司及时发现了上述泄密行为，并向市场监管部门举报。最终认定王某等三人构成侵犯商业秘密违法行为，依法予以行政处罚。王某教唆他人违反保密义务，披露 A 公司商业秘密的行为，李某、黄某违反保密义务，披露其所掌握的 A 公司商业秘密的行为，均为侵犯他人商业秘密的不正当竞争行为，应当承担法律责任。王某等三人是商业秘密权利人的前员工或现员工，都是负有保密义务的人员，侵犯他人商业秘密既有教唆行为、非法获取行为，又有非法披露行为。本案中商业秘密权利人 A 公司因建立了比较完备的商业秘密保护制度，及时发现了异常行为并固定了证据，为成功维权奠定了基础。

商业秘密违法行为指的是违反国家法律法规的有关规定，侵犯了企业商业秘密，导致企业利益受损的行为。根据《反不正当竞争法》的相关规定，侵犯商业秘密的违法行为主要包括以下几种形式：

（1）以盗窃、贿赂、欺诈、胁迫、电子侵入或者其他不正当手段获取企业的商业秘密；

（2）披露、使用或者允许他人使用以前项手段获取的企业的商业秘密；

（3）违反保密义务或者违反企业有关保守商业秘密的要求，披露、使用或者允许他人使用其所掌握的企业的商业秘密；

（4）教唆、引诱、帮助他人违反保密义务或者违反企业有关保守企业的商业秘密的要求，获取、披露、使用或者允许他人使用企业的商业秘密。

商业秘密的违规行为指的是违反了企业商业秘密保护规章制度、违反了谨慎注意义务，给企业造成了危害后果或者存在危害风险的行为。常见的商业秘密违规行为主要如下：

（1）涉密人员未经批准在外兼职工作或对外提供咨询等服务；

（2）直接或间接地劝诱同事离职；

（3）诱使企业的客户转向其他公司，帮助竞争企业争夺企业客户或以其他方式侵占企业的成功机会或竞争优势；

（4）为自己的利益使用企业的商业秘密或其他保密信息；

（5）为离职后实施有损企业利益行为做准备的，包括系统地故意记忆图纸、工艺流程等商业秘密；

（6）拒绝签订《保密协议》《竞业限制协议》及《保密承诺函》等与商业秘密相关的法律文件；

（7）未按规定履行商业秘密申报程序、未提交真实完整的技术成果资料，或提交的技术成果资料无法复现技术成果；

(8) 在私人物品或设备上储存、记录、复制、编辑、传送含有商业秘密的文件；

(9) 用私人邮箱或者第三方聊天工具传送含有商业秘密的材料；

(10) 在公共场所或其他非涉密场所谈论商业秘密；

(11) 擅自带领外部人员进入企业涉密场所；

(12) 携带涉密载体游览、参观或者进入与涉密工作无关的其他场所；

(13) 在对外交流活动中，未经审批同意，擅自公开企业的商业秘密；

(14) 涉密人员无故不参加商业秘密培训；

(15) 未按规定履行涉密人员上岗和脱密的手续；

(16) 未按规定在涉密载体上做商业秘密标记；

(17) 未按规定使用商业秘密设备或违规访问商业秘密信息系统；

(18) 可能对企业造成危害后果或存在相关风险的其他行为。

商业秘密的高危行为指的是行为本身虽然未违反国家商业秘密保护的法律法规，也未违反企业商业秘密保护的规章制度，但是行为不合常理，存在或可能存在较高泄密风险的行为。常见的商业秘密高危行为如下：

(1) 与过往工作习惯明显不同，近期频繁加班或非工作时间单独滞留工作场所；

(2) 超出工作合理需要，频繁访问保密信息系统或频繁下载涉密文件；

(3) 超出工作合理需要，频繁借阅涉密档案文件；

(4) 多次使用敏感词汇检索企业涉密资料；

(5) 与竞争对手公司员工私自会面；

(6) 无正当理由打听、了解其他涉密人员进行的涉密工作；

(7) 改变日常消费习惯，消费明显超出本人或家庭收入合理水平；

(8) 其他有所反常或不合常理的高危行为。

并非以上所有异常行为都会造成危害后果，有些异常行为仅仅存在泄密风险，尚未造成泄密等危害后果。但一旦泄密，其危害后果往往都是非常严重的。例如，张某与 A 化工公司签订劳动合同书，被聘任为 A 化工公司研发中心主任，负责公司技术研发工作，张某与 A 化工公司签订了保密协议。张某任职期间，A 化工公司研发抑制碳钢盐水腐蚀的缓蚀剂，张某在工作中接触并掌握了盐水缓蚀剂配方信息等。一年后，张某从 A 化工公司离职，于同年 6 月成立 B 化工公司，经营与 A 化工公司相同的业务，违反与 A 化工公司签订的保密协议，利用在 A 化工公司所掌握的技术信息和经营信息，公开销售与 A 化工公司相同的产品，抢占 A 化工公司的市场和客户。经法院认定，张某的行为给 A 化工公司造成经济损失上千万元，后果特别严重，构成侵犯商业秘密罪，判处有期徒刑 3 年 6 个月，并处罚金 100 万元。

再如，李某应聘至 C 科技公司，并被任命为化工车间副主任，主管该车间的技术生产工作。李某入职三个多月后离职。之后 C 科技公司在开展业务时发现 D 化工公司以同样的工艺生产化工产品，并发现离职的李某是 D 化工公司的总工程师。公安机关立案后，经调查发现，李某进入 C 科技公司工作的目的是获取化工生产新工艺。经鉴定，D 化工公司与 C 科技公司掌握的生产化工技术具有相似性；D 化工公司的侵权行为给 C 科技公司造成的间接损失达一千多万元，直接损失约两百多万元，涉案金额巨大，造成了特别严重的危害后果。

从上诉案例我们可以看出，商业秘密一旦泄露，给企业造成的损失往往是巨大的，一方面经济损失数额较高，另一方面即使能追回经济损失，但泄露后的商业秘密很难完全恢复到原来的保密状态，而且容易造成二次泄密，对于企业而言，丧失的是市场的竞争优势。因此，企业应当不断加强对泄密行为的事先预防、实时监控与识别、及时阻断与调查工作，尽可能地避免商业秘密泄露。即使发生泄密也能够及时有效维权，打击商业秘密侵权行为。

二、商业秘密异常行为的监督与举报

（一）商业秘密异常行为的监督

监督商业秘密异常行为是企业发现和阻断泄密的重要预防措施，负有监督义务的人员不仅包括企业的涉密人员，还应当涵盖非涉密人员，企业全体员工都应当自觉树立保护商业秘密的意识。监督的方式不仅包括员工之间的相互监督，还应当包括企业保密办公室对各部门保密工作的定期或不定期检查。加强商业秘密异常行为的监督有利于在发现异常行为后及时采取应对或补救措施，避免或降低泄密风险。

涉密人员是异常行为监督的重要主体。涉密人员应当树立保密意识，对自身商业秘密工作应当自查自纠，对同部门涉密人员应当互相提醒监督，发现异常行为的应当根据企业相关程序及时向保密办公室举报。

各部门负责人对本部门涉密工作人员负有监督义务，发现异常行为的应当根据企业相关程序及时向保密办公室举报，并配合保密办公室调查及处理违法或违规行为。

（二）商业秘密异常行为的举报

企业涉密人员或非涉密人员发现商业秘密异常行为后，应及时做好记录并固定证据，且第一时间向企业保密办公室举报。

首先，举报人应当填写《商业秘密异常行为登记表》并提交至保密办公室。《商业秘密异常行为登记表》主要用于记录举报人发现的异常行为基本情况，登记内容可以包括举报人姓名，举报时间，联系方式，异常行为发生时间、地点，涉事人员及其部门名称，异常情况基本描述，相关证据等。

其次，保密办公室对于举报人提供的证据材料、物品等进行登记，出具接收清单，并妥善保管。举报人不愿意公开个人信息的，在登记表中注明，保密办公室应为其保密。

最后，保密办公室根据了解的基本情况采取紧急处置措施以防止事态扩大，并应当立即核实异常行为的真实性，必要时应同时展开调查，并根据核实情况、调查结果确定异常行为的风险级别，对于风险较高的异常行为应当初步拟定处理措施，报企业负责人审核批准。

值得注意的是，若发现异常行为正在实施，不紧急阻止将造成严重后果的，举报人可先行通过电话等便利方式向保密办公室举报，保密办公室进行记录，事后由举报人补充填写《商业秘密异常行为登记表》。

（三）商业秘密异常行为的检查

保密办公室应当定期或不定期对企业各部门的商业秘密工作进行检查。企业若是单纯依靠工作人员发现异常行为并举报的方式，属于被动地保护商业秘密，只能是亡羊补牢。企业应主动出击，对异常行为进行定期检查或不定期抽查，防患于未然，对于发现的异常风险点，及时采取措施进行整改，弥补漏洞，阻断泄密路径。企业对商业秘密异常行为进行检查的内容一般如下。

（1）商业秘密设备、载体、网络信息系统等使用情况。比如，是否做好网络信息系统的安全防护工作；是否做好病毒软件防范和病毒库的升级；是否及时修复系统漏洞；是否合理设置了涉密账户的访问权限管理；是否及时收回已脱密人员的涉密信息访问权限等。

（2）商业秘密工作场所的使用及管理情况。例如，涉密会议场所是否有保密安全隐患，如被人安装了隐蔽的录音、录像设施；通信信号屏蔽设施是否完好；涉密场所的物理防护和技术防护是否达到涉密等级要求等。

（3）涉密人员的商业秘密保护情况。例如，涉密人员是否按照企业定密程序申报了商业秘密并提交了相应的涉密资料和涉密载体；是否按时参加商业秘密培训并考核合格；涉密人员是否按照规定存放涉密载体，使用涉密电子邮箱等。

保密办公室根据检查情况评估各部门的商业秘密保护工作。在检查中发现风险点,认为需要整改的,保密办公室应形成整改意见,向被检查部门负责人反馈。被检查部门负责人收到整改意见后,应当在规定的期限内对照整改意见表,逐项整改落实。整改完成后,将整改落实情况汇报给保密办公室,并接受保密办公室的回访检查,直至检查合格。

三、商业秘密异常行为的应对

(一)商业秘密异常行为的紧急处置措施

企业保密办公室接到商业秘密异常行为举报后,首先需要做的就是针对行为的性质和特点采取必要的紧急处置措施,防止事态扩大。尤其是初步判断情节较为严重的异常行为,更应该迅速采取措施。例如:有些异常行为已经导致企业商业秘密外泄或存在较大外泄风险;有些异常行为已经造成企业经济损失或存在潜在经济损失;有些异常行为正在持续发生、不立即阻止将导致企业经济损失或商业秘密泄密风险扩大。

企业可以采取的紧急处置措施包含了对涉密人员、涉密载体、涉密信息系统、涉密场所等各个方面的举措:

(1)保密办公室应立即采取措施阻断该异常行为,拦截泄密渠道;

(2)保密办公室应固定异常行为证据;

(3)暂停涉事人员的商业秘密工作,收回其持有的全部涉密载体;

(4)应立即停止涉事人员对商业秘密信息系统的访问权限;

(5)应立即取消涉事人员进入涉密工作场所的门禁权限;

(6)采取其他能够降低企业经济损失或商业秘密泄密风险的紧急措施。

(二)商业秘密异常行为的核实

商业秘密异常行为的核实指的是保密办公室在接到相关举报后应对商业秘密异常行为的真实性进行核实,并做好记录。核实工作以举报人

提供的信息为基础,对事件发生过程进一步了解。核实的内容主要如下:

(1) 与举报人核对异常行为的基本事实;

(2) 事件涉及人员的身份信息及基本情况;

(3) 事件所反映的问题,已经造成的危害或者可能造成的危害;

(4) 对于接下来处理提出相应的建议意见;

(5) 根据具体情况需要核实的其他情况。

为了保障商业秘密异常行为的核实真实准确,核实工作至少应安排两人进行,通过与举报人谈话沟通、听取涉事部门负责人情况介绍、与涉事人员谈话、查阅文件资料、查阅电子监控系统、阅读涉事人员书面说明等方式开展。核实工作应当尽快开展,并在接到举报后尽快完成。对于重大复杂的异常行为事件,核实工作具有较大难度的,可以适当延长时间。

(三) 商业秘密异常行为的调查

商业秘密异常行为调查指的是保密办公室在对异常行为进行核实的过程中,为确认异常行为所造成或可能造成的不利后果,启动调查程序并固定相关证据的过程。调查结果可以作为确定风险级别、是否启动法律程序以及是否对相关人员进行奖惩等的重要依据。

企业并非对所有的异常行为都需要展开详细的调查,在核实程序中若发现异常行为情节轻微、不存在故意泄密的情形且未产生危害后果的,则无需启动调查程序。不过对于以下情节严重的异常行为,保密办公室应当启动调查程序,了解事件的详情:

(1) 经初步核实发现异常行为已经对企业造成了经济损失或其他危害后果,但损失情况、涉事责任人等无法确定的;

(2) 经初步核实发现异常行为已经导致企业商业秘密泄露,但泄密的内容和范围、泄密途径、泄密程度尚无法确定的;

(3) 经初步核实发现异常行为涉及其他单位的;

（4）涉事人员在异常行为发生后短期内离职或有离职倾向的；

（5）可能需要启动法律程序维护企业利益的。

商业秘密异常行为的调查结果直接关系到风险等级的确定、是否启动司法程序、是否对涉事人员进行处理等一系列问题，因此应当保障调查程序公平公正、调查结果真实准确。建议调查工作由保密办公室协同涉事部门指定人员共同进行，并根据具体情况做好调查记录。调查工作应当尽快完成，否则会导致涉事人员有时间隐匿或销毁证据，增加调查难度且导致更严重的泄密后果。调查内容主要如下：其一，调查异常行为发生的时间、地点、原因、具体经过、相关责任人、是否涉及外单位人员；其二，是否已经发生泄密行为或存在泄密风险，所涉商业秘密的名称、密级、载体、知悉范围等信息；其三，企业已造成的经济损失或可能造成的其他危害后果，以及异常行为的持续情况。

对异常行为调查完毕后，保密办公室可以根据一定的标准划定异常行为风险等级，对于中高风险的异常行为，可以从内部给予处理和外部司法诉讼两种方式弥补企业损失，维护企业利益。一般情况下，风险等级的划分可以从以下方面考量：

其一，对于故意实施了侵害企业商业秘密的行为、并对企业造成重大损失的可以认定为高风险异常行为；

其二，对于故意或重大过失实施了侵害企业商业秘密的行为、并对企业造成一定损失或不利影响的可以认定为中风险异常行为；

其三，对于过失实施了侵害企业商业秘密的行为，尚未对企业造成损失或造成的损失显著轻微的，且未对企业造成不利影响的，可以认定为低风险异常行为。

保密办公室在对异常行为调查的过程中，应当同时采取必要的措施固定与事件相关的证据，一方面可以作为确定调查结果的事实依据，另一方面可以对后续启动司法程序维权起到方便举证的作用。固定证据的途径主要包括五点。第一，调查人员可以封存与事件相关的涉密载体或涉密设备。第二，可以截图相关的电子邮件或聊天记录，需要强调的是应当完整截取电子邮件或聊天记录。有的调查人员会将自认为无关的电子邮件内容或聊天记录内容删除，仅截取关键信息，这不属于原始证据，而是经过修改的证据，司法机关很可能因此不认可其真实性。第三，可以调取相关的监控视频，对视频同样不得擅自截取或删改，应保护证据的完整性。第四，可以对调查的过程进行录音录像，并形成书面谈话记录。第五，必要时引入第三方公证机构进行公证，经过公证的证据其真实性更加可靠，在后续司法程序中更能得到法院的采信，有利于企业维权。

四、商业秘密异常行为的追责

商业秘密异常行为的追责是指经核实或调查认为商业秘密异常行为确实给企业造成损失的，由企业对涉事责任人予以追责的过程。追责包括内部追责和外部追责两种途径，内部追责指的是根据企业的管理制度及奖惩制度对涉事责任人实施相应的处理措施，外部追责指的是根据国家法律规定通过司法途径追究涉事责任人的民事侵权责任或刑事责任。

（一）商业秘密异常行为的追责程序

对商业秘密异常行为涉事责任人的追责应当遵循一定的程序。首先，由保密办公室会同涉事责任人所在部门负责人根据企业的奖惩制度给出对涉事责任人的追责意见，并通知涉事责任人追责意见。如果涉事责任人对追责意见不服的，可以向保密委员会提出申诉。涉事责任人未按程序提出申诉或申诉被驳回的，追责意见生效。

保密委员会接到涉事责任人的申诉后，应当启动听证程序，组成听证小组。听证小组一般由三人或三人以上组成，听证时，申诉人可以对商业秘密异常行为的有关事实和证据发表意见，并回答听证小组的提问。听证程序结束后，听证小组根据听证情况形成《商业秘密异常行为听证登记表》，汇报给保密委员会进行批复。

商业秘密异常行为的举报、核实、调查、追责、申诉、听证等程序原则上均应保密进行；但追责决定原则上应当公开，并应送达被追责人。商业秘密异常行为的核实、调查、追责等工作涉及涉事责任人近亲属、利害关系人，或者存在其他可能影响公正查处情形的，不得参与追责工作，应当主动申请回避，企业或涉事责任人也有权要求其回避。

（二）内部追责措施

保密办公室应在核实确认异常行为的真实性后，协同涉事部门及其他相关部门进行追责。原则上对于涉事责任人应要求签订保密协议、竞业限制协议及保密承诺函；对于过失违规的涉事责任人应进行专门的商业秘密培训后再视情况决定是否恢复其涉密工作；对于故意违规情节严重的涉事责任人应当终止其商业秘密工作，并按照企业的奖惩制度对其进行惩罚，比如，停止其商业秘密工作，扣发一定金额商业秘密补贴，追究给企业造成的经济损失等。涉事责任人主动赔偿企业全部经济损失并配合消除负面影响的，或中止正在实施的商业秘密侵权行为、主动向企业坦白、并未造成实际泄密的，可以减轻或免除处罚。

（三）外部追责措施

保密办公室应根据异常行为的风险等级，视情节和后果提出是否启动外部法律程序的意见，并提交保密委员会审核。原则上对于高、中风险商业秘密异常行为，可以采取向公安机关报案、提起民事侵权诉讼、提起劳动仲裁等司法救济措施。

根据我国《刑法》规定，实施侵权行为，给商业秘密权利人造成损失数额或违法所得数额在30万元以上的，构成刑事犯罪，处三年以下有期徒刑，并处或者单处罚金。给商业秘密权利人造成损失数额或违法所得数额在250万元以上的，处三年以上十年以下有期徒刑，并处罚金。因此，对于给企业造成了30万元以上损失数额的商业秘密异常行为涉事责任人，企业可以向公安机关报案，追究其刑事责任。向公安机关报案，不影响企业对涉事责任人提起民事侵权诉讼，追究其损害赔偿责任。另外，涉事员工侵犯企业商业秘密，属于劳动合同违约行为的，企业也可以提起劳动仲裁。

无论是采取哪种外部追责措施，企业均应当收集相应的证据，具体如下。

（1）商业秘密的权属证据，包括秘密性证据，如密点信息、定密资料；保密性证据，如保密协议、保密培训记录、对商业秘密载体或商业秘密场所采取的保密措施等；以及价值性相关证据等。

（2）侵权行为证据，包括涉事责任人实施商业秘密异常行为的证据，如侵权产品实物、设计图、产品手册、宣传材料等。

（3）实质性相同证据，包括侵权产品与权利人的商业秘密比对结果，如鉴定机构出具的鉴定报告或鉴定意见等。

（4）涉事责任人接触相关商业秘密的证据，包括涉事责任人的工作安排、相关商业秘密的调取记录、涉事责任人的往来邮件或通信消息、参会记录等。

（5）损害赔偿证据。包括相关商业秘密的研发投入，企业相关产品的销量、价格、利润率等数据，侵权产品的销量、价格等数据，以及行业同类产品的销量、价格、利润率等。

第三部分

商业秘密侵权应对

本部分简介

商业秘密是重要的无形资产,其价值不像产品等有形资产直接体现出来,而是通过提高企业竞争优势、帮助企业抢占市场份额发挥作用。实践中,泄密窃密行为防不胜防,制定商业秘密保护制度可以降低泄密风险,尽可能杜绝泄密事件发生。有些员工因为法律认知不足,保密意识不强导致过失泄密,有的企业也会为了获利而故意侵犯他人商业秘密。那么,企业商业秘密一旦被侵犯,该如何通过法律途径维护权益,弥补损失,又该如何防止二次泄密?这些是本部分讨论的内容。

本部分第一章介绍了侵犯商业秘密的行为及法律责任。若要起诉侵权行为,首先应该知道哪些行为属于侵权行为。本章中,读者可以详细了解法律规定的具体侵权行为的类型,以及每个种类的具体表现方式。另外,针对具体侵权行为,侵权者应当承担怎样的民事责任和行政责任。

民事侵权诉讼是企业常用的法律诉讼途径，笔者在第二章和第三章分别从原告、被告两个角度讲解诉讼思路。例如，若原告提起侵权诉讼，应当向哪个法院递交诉状，应当将哪些主体列为被告，应该从哪些方面举证，这些问题在第二章都能找到答案。再如，企业一旦被诉侵权，应当从哪些方面进行抗辩，应该提交哪些证据，如何才能避免赔偿责任，笔者在第三章中均有详细介绍。

鉴于侵犯商业秘密的刑事入罪门槛降低，刑事案件在近两年也呈现增多趋势，第四章是专门针对刑事诉讼的讲解，包括刑事犯罪的客观要件、客体要件、主观要件、主体要件，以及定罪标准、损失计算标准、刑事法律责任等。另外，读者可以通过本章了解权利遭到侵犯时，如何综合民事手段和刑事手段才能更好维权。

第五章为商业秘密的司法鉴定，这是在民事诉讼和刑事诉讼中都会涉及的举证手段。由于商业秘密具有高度专业性，许多技术问题难以由法官判断，需要借助司法鉴定机构出具报告，司法鉴定成为诉讼的重要环节。该章能够让读者从司法鉴定的程序、内容、鉴定报告的出具、鉴定人出庭等方面进行全面了解，对赢得商业秘密诉讼具有指导意义。

第十四章

侵犯商业秘密的行为及民事责任、行政责任

扫描图中二维码
查看本章思维导图

商业秘密是具有商业价值的商业信息，当前随着经济全球化进程的加快，不少企业和个人为了更大程度地抢占市场份额、提高商业秘密带来的市场竞争优势，不惜采取侵犯他人商业秘密的行为来攫取高额利润。创新企业所面临的高危风险在于研发成果泄密、竞争对手窃密、员工跳槽侵权、采购信息泄密、市场客户跑单、电子数据泄密等严重侵犯企业商业秘密的行为，让企业家困惑无奈。企业期盼加大打击侵犯商业秘密行为的力度，保护好自己的核心竞争力。为了更好地防范商业秘密被侵犯，首先企业需要了解法律规定和司法判定规则，准确识别侵犯商业秘密的行为，才能有效精准打击，保护好企业的创新力和竞争力。本章将要介绍的是如何正确界定商业秘密的侵权行为以及侵犯他人商业秘密所需要承担的民事、行政等法律责任。

一、侵犯商业秘密的行为

（一）侵犯商业秘密行为的构成

一般侵权行为是相对于特殊侵权行为而言的，它是指行为人因过错而实施的、适用过错责任原则和侵权责任的一般构成要件的侵权行为。其构成要件包括加害行为、损害事实的存在、加害行为与损害事实之间有因果关系、行为人主观上有过错。因此，商业秘密的侵权行为一般可以从以下四个方面来认定。

1. 存在商业秘密侵权行为

即侵权行为人违背商业准则，实施了法律所禁止的商业秘密侵权行为。

2. 存在侵权损害事实

由于企业的商业秘密被侵犯，给企业造成了经济损失。商业秘密是一种无形智慧财产，而侵犯商业秘密的行为会给拥有商业秘密的权利人造成损害，破坏正常的市场竞争秩序，具有社会危害性。

3. 侵权行为与损害事实之间具有因果关系

也就是说企业受到经济损害的事实正是由行为人的商业秘密侵权行为造成的。

4. 行为人存在主观上的过错

行为人实施侵犯商业秘密的主观心理状态是有过错的，这种主观过错包括故意和过失。如果行为人明知采用不正当的手段非法获取商业秘密是法律所禁止的行为，但仍然实施了侵犯商业秘密的行为，这是主观故意。而行为人因为疏忽大意披露商业秘密给第三人的行为则属于主观上的过失。

（二）商业秘密保护的最新立法

加强知识产权保护，是建设知识产权大国、强国的基础。商业秘密属于知识产权，正逐步成为企业的核心竞争力，受到世界各国越来越多的关注与重视。我国高度重视商业秘密保护，已经建立较为完备的商业秘密保护民事、行政、刑事的综合法律体系。在强保护的大趋势下，全国人大常委会对《反不正当竞争法》关于商业秘密保护的条款作出了新的修订。

新修订的《反不正当竞争法》完善了商业秘密的概念，加强商业秘密保护，加大了对侵犯商业秘密行为的行政处罚力度。修订以后，法律会帮助企业更加注重对商业秘密的事先保护和预防泄密的发生，执法机关将帮助企业不断增强商业秘密的保密意识，建立完善商业秘密的保护制度，促进企业的创新发展。具体修改内容主要如下：进一步明确侵犯商业秘密的情形；扩大了需要打击的侵权行为的范围；新增"以电子侵入手段获取权利人商业秘密"；以及"教唆、引诱、帮助他人违反保密义务或者权利人有关保密的要求，获取、披露、使用或者允许他人使用权利人的商业秘密"的情形。本次修改还完善了侵犯商业秘密责任主体的范围，新增"将经营者以外的其他自然人、法人和非法人组织实施前款所列违法行为的，视为侵犯商业秘密"。原有的法律规定，侵犯商业秘密的责任主体为"经营者"，"经营者"是指从事商品生产、经营或提供服务的自然人、法人和非法人组织。司法实践中，大部分的商业秘密侵权纠纷都是由员工跳槽引发的，企业的员工、前员工也是商业秘密侵权责任主体，并不仅限于经营者。本次修改将经营者以外的其他自然人、法人和非法人组织也明确纳入侵犯商业秘密责任主体的范围，更加符合司法实践。

（三）侵犯商业秘密的具体行为

1. 侵犯商业秘密行为的表现形式

我国《反不正当竞争法》规定，经营者以及经营者以外的其他自然人、法人和非法人组织实施下列行为的，均属于法律规定的侵犯商业秘密行为：

（1）以盗窃、贿赂、欺诈、胁迫、电子侵入或者其他不正当手段获取权利人的商业秘密；

（2）披露、使用或者允许他人使用以前项手段获取的权利人的商业秘密；

（3）违反保密义务或者违反权利人有关保守商业秘密的要求，披露、使用或者允许他人使用其所掌握的商业秘密；

（4）教唆、引诱、帮助他人违反保密义务或者违反权利人有关保守商业秘密的要求，获取、披露、使用或者允许他人使用权利人的商业秘密；

（5）第三人明知或者应知商业秘密权利人的员工、前员工或者其他单位、个人实施上述违法行为，仍获取、披露、使用或者允许他人使用该商业秘密的，视为侵犯商业秘密。

2. 侵犯商业秘密行为的主要类型

随着市场交易活动的不断变化和信息传播方式、技术手段的不断创新，侵犯商业秘密的行为模式也层出不穷，我们结合司法实践，总结了如下主要的侵犯商业秘密行为的类型。

（1）不正当获取行为。

不正当获取商业秘密的行为就是《反不正当竞争法》规定的"以盗窃、贿赂、欺诈、胁迫、电子侵入或者其他不正当手段获取权利人的商业秘密"。不正当获取他人商业秘密的行为本身即单独构成侵犯他人的商业秘密，不需要再结合其他条件即可认定侵权，也就是说不管侵权行为人在不正当取得商业秘密后是否进一步披露、使用或者允许他人使用以不正当手段获取的商业秘密，都不会对构成侵犯商业秘密的认定产生任何影响。

如上所述，以盗窃、贿赂、欺诈、胁迫、电子侵入或者其他不正当手段获取权利人的商业秘密，构成侵犯商业秘密。具体包括以下情形：以盗窃手段获取商业秘密，是指以非法占有为目的，秘密窃取权利人的商业秘密，包括单位内部人员盗窃、外部人员盗窃、内外勾结盗窃等；以贿赂手段获取商业秘密，是指以金钱、物品或者其他利益为诱饵，让了解或掌握商业秘密的人员向其提供商业秘密；以欺诈手段获取商业秘密，是指一方以欺诈手段使对方在违背真实意思的情况下提供商业秘密；以胁迫手段获取商业秘密，是指行为人采取恐吓、威胁的手段，迫使他人提供商业秘密；以其他不正当手段获取商业秘密，是指上述行为以外的其他非法手段，比如通过商业洽谈、合作开发、参观交流等机会获取他人的商业秘密等。

电子侵入是本次修法的新增内容。以电子侵入方式获取商业秘密，是指行为人未经授权，通过病毒、撞库等手段非法进入他人计算机系统，获得他人商业秘密的行为。电子侵入的对象包括所有存储有他人商业秘密信息的电子载体，如办公系统、服务器、邮箱、应用账户等。目前通过电子侵入方式非法获取商业秘密的现象泛滥，各国企业深受其害，已经引起了各国立法、司法机关的高度重视，我国本次修法将其列入侵犯商业秘密的行为，作为司法打击的重点。

（2）不当披露、使用行为。

不当披露、使用商业秘密的行为，是指行为人不正当获取他人商业秘密信息后，又向社会公众披露，或自行使用或允许其他人使用的行为。披露是指将权利人的商业秘密向不特定的其他人公开，使其失去商业价值。不论出于何种目的和动机，只要实施了披露的行为即构成侵权；使用是指将自己非法获取的商业秘密用于生产或者经营；允许他人使用，是指允许他人将自己非法获得的商业秘密用于生产或者经营，可以是有偿使用，也可以是无偿使用，但无论是否有偿，都构成商业秘密侵权。不当披露、使用商业秘密的行为会使权利人的商业秘密丧失秘密性，导致商业秘密不再具备法律保护的条件，从而使权利人从根本上失去了商业秘密的权利，同时失去了在市场竞争中的竞争优势。因此，不当披露、使用行为会给商业秘密权利人带来实质损害，性质恶劣。

（3）非法披露或者使用合法掌握的商业秘密。

非法披露或者使用合法掌握的商业秘密是指行为人违反约定或者权利人有关保守商业秘密的要求，披露、使用或者允许他人使用商业秘密信息的行为。合法掌握商业秘密的人，可能是与权利人有合同关系的对方当事人，也可能是权利人企业的工作人员或其他合法知情人，上述行为人违反合同约定或法律规定的保密义务，将其掌握的商业秘密公开，或自己使用，或许可他人使用，都会构成对商业秘密的侵犯。即使双方没有约定保密义务，但只要违反法定的保密义务，也属于侵犯商业秘密的行为。该侵权行为主要是商业秘密侵权认定的"义务原则"的体现。

（4）教唆、引诱、帮助行为。

教唆、引诱、帮助他人违反保密义务或者违反权利人有关保守商业秘密的要求，获取、披露、使用或者允许他人使用权利人的商业秘密，构成侵犯商业秘密。该条是新《反不正当竞争法》中新增的内容，进一步增加了对商业秘密的保护力度，扩大了商业秘密侵权行为的认定范围。也就是说，即使行为人未直接违反保密义务或者违反权利人有关保守商业秘密的要求，仅从事了教唆、帮助、引诱行为的间接侵权行为，同样构成商业秘密侵权，权利人不需要再通过主张共同侵权来追究其责任，减轻了商业秘密权利人的举证责任，有利于商业秘密权利人维权。

(5) 第三人恶意获取、使用或披露行为。

我国《反不正当竞争法》规定，第三人明知或者应知商业秘密权利人的员工、前员工或者其他单位、个人实施了《反不正当竞争法》中规定的商业秘密侵权行为，仍获取、披露、使用或者允许他人使用该商业秘密的，视为侵犯商业秘密。"第三人"是相对于第一人和第二人而言的，一般情况下，我们是把商业秘密权利人作为第一人，将《反不正当竞争法》中规定的以不正当获取、披露、使用或者允许他人使用的侵权人以及合法获取但非法披露或者使用商业秘密的侵权人作为第二人。"明知"和"应知"用来判断行为人的主观状态，即判断第三人实施侵权行为是否需要承担法律责任，需要了解第三人实施该行为时的主观状态是"善意"还是"恶意"的。"恶意"第三人构成侵权，"善意"第三人不构成侵权。由此可知，第三人实施侵犯商业秘密行为需要承担法律责任的两个基本要件：第一，第三人主观是"恶意"的，即第三人对存在侵权行为的状态是明知或者应知的；第二，第三人客观上实施了获取、披露、使用或者允许他人使用该商业秘密的具体行为。

二、侵犯商业秘密的民事责任

如果侵权人实施了侵犯商业秘密的行为，根据案件的实际情况和严重程度，侵权人可能面临承担民事责任、行政责任、刑事责任等法律后果。侵犯商业秘密的行为首先是一种民事侵权行为，应当承担民事责任。侵犯商业秘密的行为人一般应承担停止侵害、赔偿损失、返还或者销毁等民事责任。

（一）停止侵害

停止侵害主要是为了防止侵权行为给商业秘密权利人造成更大的损

失。不判决停止使用将可能会导致侵权人获得不正当的竞争优势的，人民法院可以根据案件具体情况，判决侵权人在一定的期限或者范围内停止使用商业秘密。比如，一项商业秘密比较简单，本领域的相关人员通过自身努力可以在一定时间内取得的，可以判决侵权人在一定期限内禁止使用；或者此项商业秘密仅在一定范围内具有竞争优势，超出该范围不会损害权利人竞争利益的，可以判决侵权人在一定范围内禁止使用。对于某些商业秘密而言，是需要耗费大量人、财、物力，经过长期研发和生产经验的积累才可能获得的，应当将停止侵害的时间持续到该商业秘密已为公众所知悉时止。

一般情况下，人民法院判令侵权人承担停止侵权的民事责任的，应当具备以下四个条件：① 权利人提起诉讼；② 商业秘密权利的合法和有效存续；③ 权利正在受到侵害或存在受到侵害的可能；④ 侵权行为有停止侵害的可能。如果商业秘密的权利人能够提供证据证明以下情况，法院也可以应权利人的申请在诉讼前或诉讼中作出停止侵害的裁定，具体如下：权利人初步证明行为人侵犯了其商业秘密；如不停止侵权行为，将对权利人造成难以弥补的损失；证明停止侵害不会给行为人造成不合理的实质损害。要求法院先行裁定停止侵害的权利人应当提供相应的担保。

（二）赔偿损失

赔偿损失是一种常见的经济补偿方式，具体指的是要求商业秘密侵权人依据法律规定的标准对权利人的损失予以补偿。我国《反不正当竞争法》中明确规定因侵犯商业秘密的不正当竞争行为受到损害的经营者的赔偿数额，按照其因被侵权所受到的实际损失确定；实际损失难以计算的，按照侵权人因侵权所获得的利益确定。经营者恶意实施侵犯商业秘密行为，情节严重的，可以在按照上述方法确定数额的一倍以上五倍以下确定赔偿数额。赔偿数额还应当包括经营者为制止侵权行为所支付的合理开支。经营者以及经营者以外的其他自然人、法人和非法人组织违反《反不正当竞争法》关于侵犯商业秘密的规定，权利人因被侵权所受到的实际损失、侵权人因侵权所获得的利益难以确定的,由人民法院根据侵权行为的情节判决给予权利人五百万元以下的赔偿。

商业秘密侵权赔偿责任的确定重点在于侵犯商业秘密"损失"的计算方法。在民事案件中,权利人损失数额与损害赔偿数额紧密相关,在刑事案件中,损失数额是罪与非罪的重要标准,也是司法机关追赃和侵权人退赔的重要依据。损失额的计算往往需要账目审计、市场调查等财务专业知识,没有专业人员与专业机构的参与很难完成,因此"损失数额鉴定"在绝大多数商业秘密案件中不可或缺。

同时,需要提醒注意的是,根据我国《反不正当竞争法》中关于赔偿损失优先适用民事责任的相关规定,经营者以及经营者以外的其他自然人、法人和非法人组织违反本法规定,应当承担民事责任、行政责任和刑事责任,其财产不足以支付的,优先用于承担民事责任。

(三)返还或者销毁

销毁措施是停止侵害民事责任的具体实现方式之一。在商业秘密侵权案件中,权利人诉请销毁的对象主要包括文档、光盘等商业秘密载体、使用涉案商业秘密进行生产时所需的专用设备,以及使用涉案商业秘密直接获得的侵权产品。销毁载体和专用设备是制止侵权行为继续发生的必要手段,在侵权成立的前提下法院一般会支持该诉求。根据中华人民共和国最高人民法院的司法解释,权利人请求判决侵权人返还或者销毁商业秘密载体,清除其控制的商业秘密信息的,人民法院一般会予以支持。其主要目的是进一步剥夺侵权人实施侵权行为的能力,减少、消除再次发生侵犯商业秘密行为的风险。

从我国的司法实践来看,在处理商业秘密侵权案件时,一般不适用消除影响、赔礼道歉的民事责任方式。在商业秘密民事诉讼过程中,权利人有时会提出让被告承担"消除影响、赔礼道歉"的法律责任。在知识产权类案件中,既有侵犯知识产权人身权的,例如著作权中的署名权、发表权等,又有侵犯知识产权财产权的,例如专利使用权、报酬权等。根据我国法律规定,"消除影响、赔礼道歉"通常是对侵犯人身权、造成名誉损失而产生的承担法律责任的方式。对于专利使用权、商标专用权等以财产利益为主的权利被侵害时，则不适用"消除影响、赔礼道歉"。在商业秘密侵权案件中，商业秘密侵权行为都是针对以侵犯经营者以及经营者以外的其他自然人、法人和非法人组织财产权益的侵权行为，并没有造成权利人名誉或者商誉受损，那么"消除影响、赔礼道歉"的法律责任主张通常很难得到法院的支持。

三、侵犯商业秘密的行政责任

根据我国法律规定，侵犯商业秘密行为由市场监督管理机关进行认定处理。权利人认为其商业秘密受到侵害时，可以主动向市场监督管理部门请求查处，并向工商行政管理机关提供商业秘密及侵权行为存在的有关证据。行政机关认定存在商业秘密侵权行为的，可根据具体情况作出相应处罚。侵害商业秘密的行政责任主要有停止侵权行为、行政罚款以及处置侵权物品等内容。

（一）停止侵权行为

对侵权人违法披露、使用、允许他人使用商业秘密将给权利人造成不可挽回的损失的，应权利人请求并由权利人出具自愿对强制措施后果承担责任的书面保证，市场监督管理部门可以责令侵权人停止销售使用权利人商业秘密生产的产品。此种处罚主要是针对正在进行中的、不立即制止会给权利人造成不可挽回损失的侵权行为。行政机关通过责令停止违法行为可以有效防止权利人的损失扩大。

（二）行政罚款

我国《反不正当竞争法》中明确规定，经营者以及其他自然人、法人和非法人组织违反本法规定侵犯商业秘密的，由监督检查部门责令停止违法行为，没收违法所得，处十万元以上一百万元以下的罚款；情节严重的，处五十万元以上五百万元以下的罚款。

行政机关可综合考虑案件具体情况确定是否适用金钱罚，罚款数额最低十万元，最高五百万元，由行政机关自由裁量适用与侵权行为相适应的处罚金额。当侵权人的财产数额不足以同时支付民事赔偿和缴纳罚款的，民事赔偿应优先赔偿。

（三）处置侵权物品

工商行政管理机关还可以对侵权物品作如下处理。

（1）责令并监督侵权人将载有商业秘密的图纸、软件及其他有关资料返还权利人。

（2）监督侵权人销毁使用权利人商业秘密生产的、流入市场将会造成商业秘密公开的产品。但权利人同意收购、销售等其他处理方式的除外。

行政机关如果对侵权人采取行政处罚措施后，侵权人拒不执行处罚决定，继续实施侵权行为的，视为新的违法行为，将从重予以处罚。

如果权利人因损害赔偿问题向工商行政管理机关提出调解要求的，工商行政管理机关可以进行行政调解。商业秘密行政维权的方式是指商业秘密被侵权人向市场监督管理部门报案后，由市场监督管理部门依据《反不正当竞争法》等相关规定，对商业秘密侵权人开展行政检查、行政处罚等强制措施，也包括行政调解工作。行政调解这种方式的优势是既有行政强制措施为依托确保调查取证的效率和效力，又能够通过行政处罚与行政和解手段对侵权人的侵权行为"罚赔并举"，达到比较好的社会效果。

当企业的商业秘密受到侵害时，企业应及时拿起法律武器，追究商业秘密侵权人的法律责任。根据我国《反不正当竞争法》《刑法》等法律规定，侵犯企业商业秘密的，根据情节轻重，分别承担民事责任、行政责任和刑事责任。企业通过追究商业秘密侵权人的责任，可以在相当的程度上挽回损失，保护企业的合法权益。根据我国相关法律规定，侵害商业秘密应承担民事侵权责任或刑事责任，所以，商业秘密被侵害后，权利人可以通过以下途径维护自身的合法权益，一个途径是要求侵权人停止侵害行为，并对侵权所造成的损失进行赔偿，这是民事维权程序。另一个途径是追究侵权人的刑事责任，这种方式适用于企业的商业秘密受到侵害后，后果比较严重，损失较大，而且证据比较充分的情况，尤其适用于那些离职人员窃取原企业商业秘密的案例，将对不法分子起到很好的警示和震慑作用。第三是我国市场监督管理机关对侵犯商业秘密等不正当竞争行为进行行政处罚，例如当掌握商业秘密的企业发现在市场中出现了侵犯其商业秘密的产品，而且事实清楚，证据充分，可以直接向当地市场监督管理机关投诉，要求对侵权主体进行行政处罚。因此，企业可以通过这三个途径进行维权，保护自己的合法权益。

第十五章

商业秘密的民事维权

扫描图中二维码
查看本章思维导图

商业秘密因其秘密性的特点，权利人需要采取保密措施等方式保护，商业秘密一旦进入公众领域，则不再成为权利人独享的商业秘密，企业基于该商业秘密所获得的竞争优势也随之失去。近年来，商业秘密侵权案件频发，员工跳槽泄密、技术不慎外泄、研发成果被盗等导致很多企业损失惨重，甚至因此而破产。很多企业在遇到商业秘密侵权事件后，因为缺少专业知识，不仅未能成功避免损失，还在维权过程中花费了大量时间、金钱成本，因此，正确地选择维权路径显得尤为重要。

侵犯商业秘密民事纠纷主要分为侵犯经营信息纠纷、侵犯技术信息纠纷及侵犯其他商业信息纠纷。引发诉讼的原因一般是行为人不正当获取、披露、使用或允许他人使用商业秘密。例如，企业员工跳槽至其他企业，泄露原企业商业秘密给新雇主；员工自己或近亲属另行设立企业并泄露、使用原企业商业秘密；因合作关系知悉对方商业秘密后，违反保密条款约定侵犯商业秘密等。企业面临商业秘密被侵犯时，要学会通过诉讼等法律手段及时有效维权，维护自身的市场竞争优势。

一、商业秘密民事诉讼的诉讼时效

诉讼时效制度是指民事权利受到侵害的权利人在法定的时效期间不行使权利，当时效期间届满时，即丧失了请求人民法院依法保护其民事权利的法律制度。诉讼时效制度的设立正是为了督促权利人积极行使权利。也就是说，法律只保护民事主体在诉讼时效的有效期间的胜诉权，超过诉讼时效有可能带来败诉的风险。商业秘密权利人发现自身权利受到侵害，要及时维权，避免超过诉讼时效而丧失胜诉权。时效具有强制性，任何时效都由法律、法规强制规定，任何单位或个人对时效的延长、缩短、放弃等约定都是无效的。我国《民法典》中明确规定，权利人向人民法院请求保护商业秘密民事权利的诉讼时效期间为三年。诉讼时效期间自权利人知道或者应当知道权利受到损害以及义务人之日起计算。但是，自权利受到损害之日起超过二十年的，人民法院不予保护，有特殊情况的,人民法院可以根据权利人的申请决定延长诉讼时效期间。

二、商业秘密民事诉讼的管辖

企业发现他人实施了侵犯自身商业秘密的行为,如果决定通过民事诉讼维护自己商业秘密的权益,就要考虑向哪个法院提起诉讼,明确案件的具体管辖法院是权利人实施维权措施的必要前提。民事诉讼管辖是指各级法院之间和同级各地方法院之间受理第一审民事案件的分工和权限。只有明确了哪个案件归哪个法院管辖,才能使受害企业在最短的时间内成功立案,以便进一步行使其诉讼权利。我们经常遇到有的企业因选择错了管辖法院,导致仅在立案阶段就耗费了大量的时间,同时也延长了侵害行为的持续时间。在法律范围内尽可能选择权利人所在地区的法院或对其存在有利因素的法院,往往会达到事半功倍的效果。因此,权利人因商业秘密被侵犯向人民法院提起诉讼时,需要考虑的民事诉讼管辖包括地域管辖和级别管辖。

(一)地域管辖

我国《民事诉讼法》及司法解释中明确规定,因侵权行为提起的诉讼,由侵权行为地或者被告住所地人民法院管辖。而侵权行为地,包括侵权行为实施地、侵权结果发生地。对于侵害商业秘密纠纷案件的地域管辖,应该按照一般侵权案件确定管辖,即由侵权行为地或者被告住所地人民法院管辖,侵权行为地包括侵权行为实施地和侵权结果发生地。

根据我国《反不正当竞争法》的规定,侵害商业秘密的行为包括不正当手段获取、非法披露、使用或者允许他人使用以及违反保密义务等多种侵害商业秘密的行为模式,这些窃取、披露和使用商业秘密等的地点都可被认定为侵权行为实施地。并且,在大多数的商业秘密侵权案件中,发生的侵权行为类型往往并不单一,由此存在多个侵权行为实施地。如多个侵权行为实施地并非在同一地点,将导致存在多个法院对案件有管辖权。通常而言,如果多个法院对案件有管辖权,权利人可选择向任何一个有管辖权的法院提起诉讼。

在商业秘密侵权案件中,对于侵权结果发生地的认定,不能简单地将侵权产品的销售地认定为侵权结果发生地。侵犯商业秘密的直接结果就是使商业秘密不再处于不为公众所知悉的状态,而销售侵权产品的前提是侵权产品已经通过使用获取的商业秘密制造完毕,使用获取的商业秘密制造侵权产品的过程已经导致侵权结果的发生。也就是说,使用商业秘密的过程,通常是制造侵权产品的过程,当侵权产品制造完成时,使用商业秘密的侵权结果即同时发生,因此不宜将该侵权产品的销售地视为使用商业秘密的侵权结果发生地。

(二)级别管辖

根据我国最高人民法院关于第一审知识产权民事、行政案件管辖的有关规定,对于技术秘密侵权纠纷等第一审民事、行政案件由知识产权法院,省、自治区、直辖市人民政府所在地的中级人民法院和最高人民法院确定的中级人民法院管辖。

根据我国现行的知识产权案件的管辖规定,最高人民法院设立知识产权法庭审理全国范围内重大、复杂的技术秘密案件。为了加强知识产权的运用和保护,健全技术创新激励机制,截至目前除最高人民法院设立的知识产权法庭外,全国多地设立了知识产权法院和知识产权法庭,对部分商业秘密案件实施跨区域集中管辖。知识产权法院管辖所在市辖区内的技术秘密、国务院部门或者县级以上地方人民政府所作的涉及不正当竞争的行政行为提起诉讼的第一审民事和行政案件。当事人对知识产权法院作出的第一审判决、裁定提起的上诉案件和依法申请上一级法院复议的案件,由知识产权法院所在地的高级人民法院知识产权审判庭审理。

由于商业秘密民事侵权案件的专业性和复杂性,法律规定,商业秘密侵权案件原则上由中级人民法院管辖。但在涉及因违反竞业禁止约定或劳动合同保密义务的商业秘密侵权的案件中,则要注意对案件本身的性质加以区分。对于仅仅是劳动者与用人单位因劳动合同法律关系发生的劳动争议案件,应当按照劳动争议的管辖规定,即由用人单位所在地或者劳动合同履行地的基层人民法院管辖。

三、商业秘密民事诉讼的原告主体资格

企业有的技术信息、经营信息等商业信息是通过自身开发、反向工程研发而取得的,有的则是通过转让、继承、许可而获得的。一般情况下,商业秘密权利人可以作为原告提起诉讼,但在商业秘密许可使用的情况下,因许可使用的类型不同,并非所有的权利人和被许可人都可以作为原告独立提起诉讼。商业秘密的许可包括独占许可、排他许可和普通许可,不同的许可方式,是否具备原告的主体资格不一样。

(1)独占许可是指被许可方在约定的期限内,在约定范围内有生产和销售的独占使用权,这种独占权甚至可以约定排斥许可方自身的使用。在这种情形下,许可方仅保留商业秘密的所有权和收益权,自己不能进行生产和销售,也不能许可他人使用。权利人和独占使用许可合同的被许可人具有独立的起诉权,也就是权利人、被许可人都可以单独作为原告提起商业秘密诉讼。

(2)排他许可是指被许可方在约定期限内约定,除了许可方还可以使用商业秘密外,许可方不能再许可第三方使用。排他使用许可合同的被许可人可以和权利人共同提起诉讼,或者在权利人不起诉的情况下自行提起诉讼。"权利人不起诉"包括权利人明示放弃起诉,也包括被许可人有证据证明其已告知权利人或者权利人已知道有侵权行为发生而仍不起诉的情形。

(3)普通许可是指被许可方不仅限于一家,在约定范围内可能许可多家使用其商业秘密。如果使用许可合同对许可方式没有约定或者约定不明确,应当视为普通使用许可。普通使用许可合同的被许可人也可以和权利人共同提起诉讼,或者经过权利人书面授权单独提起诉讼。

四、商业秘密民事诉讼被告的选择

根据我国《民事诉讼法》的相关规定,确定"明确的被告"是原告提起民事诉讼的条件之一。商业秘密的被告应该是商业秘密的侵权主体。在商业秘密侵权案件的维权过程中,权利人应当根据案件的具体情况,以及所掌握的有关证据,并结合自身的维权主张,综合确定商业秘密的侵权被告。员工跳槽后侵犯原企业商业秘密是商业秘密侵权案件的主要类型,虽然跳槽员工和跳槽去的企业都可能是侵犯商业秘密的主体,但是原告在选择起诉被告时,通常会根据前期谈判情况和商业需要确定被告,一般分为三种类型:将跳槽员工与其所在单位列为共同被告;仅将跳槽员工列为被告;不涉及员工跳槽,将侵权人或者侵权企业列为被告。

(一)将跳槽员工与其所在单位列为共同被告

员工跳槽后将原单位的商业秘密带到新单位加以披露和使用,从而侵犯原单位的商业秘密。商业秘密权利人在能够确定跳槽员工与其所在新单位共同实施了侵权行为的情况下,可以将跳槽员工与所在单位列为共同被告,从而获得较高的赔偿和更好地解决问题。当然,这种起诉容易让跳槽员工与其所在新单位联合起来对抗权利人,给赢得诉讼带来难度。这就需要权利人在起诉前进行充分调查和搜集证据,确保在诉讼中取胜。

(二)仅将跳槽员工列为被告

如果权利人没有充足的证据能够证明跳槽企业的侵权行为,权利人不妨仅将跳槽员工列为被告,起诉其违约或侵权,这样可以减轻举证压力,同时也增加胜诉把握。有的案件,由于原告并没有充足的证据能够证明其商业秘密的存在,可以从违反竞业禁止约定入手,对跳槽员工进行诉讼,胜诉可能性更高。而且将跳槽员工单独起诉,通过将其孤立的方式,有利于双方在适当的时候达成和解。但只将跳槽员工列为被告,可能存在个人赔偿能力较低的问题,而且可能还存在震慑力不够,只打击跳槽员工,很多时候不足以让其所在的新单位停止使用原告的商业秘密。

(三)不涉及员工跳槽问题时,将侵权人或侵权企业列为被告

并非所有的商业秘密侵权案件都是由员工跳槽引发的,相当一部分案件是由他人以不正当手段获取、披露、使用或允许他人使用商业秘密,以及虽然合法获得但违反保密约定或信义义务擅自披露,从而造成对商业秘密的侵犯。这样的案件,侵权人或侵权企业就应当成为侵犯商业秘密案件的被告。

五、商业秘密民事诉讼的诉讼请求

诉讼请求是指原告以起诉的方式,通过人民法院向被告所提出的实体权利的主张。我国《民事诉讼法》规定,起诉必须有具体的诉讼请求和事实理由。原告所提出的诉讼请求一定要具体明确,具体明确的诉讼请求应是,必须具体明确请求给付什么、请求确认什么或请求形成什么;并且必须具体明确请求多少,比如应明确请求给付金钱等的具体数量。

引发商业秘密民事诉讼的原因一般是行为人不正当地获取、披露、使用或允许他人使用商业秘密。例如,企业员工跳槽至其他企业,员工自己或近亲属另行设立企业并泄露、使用原企业商业秘密;因合同关系知悉相对人商业秘密后,违反保密条款约定侵犯商业秘密等。因此,在商业秘密的民事诉讼中,原告的诉讼请求包括请求确认其主张的信息构成商业秘密、请求被告停止侵权并赔偿损失等。需要注意的是,从我国的司法实践来看,在处理商业秘密侵权案件时,一般不适用消除影响、

赔礼道歉的民事责任方式，如果权利人在商业秘密侵权案件中提出"消除影响、赔礼道歉"的诉讼主张时，一般不会得到法院的支持。

当权利人企业遭遇自己员工侵犯商业秘密时，企业是起诉员工违反保密协议还是选择起诉其侵犯企业的商业秘密呢？商业秘密被侵犯时，企业可以选择要求员工承担侵权责任，也可以选择要求员工承担违约责任。商业秘密的违约之诉和侵权之诉，两者在构成要件、举证责任、诉讼管辖等方面均有所不同，这就要求权利人能够根据案情的具体情况，结合能收集到的证据进行综合判断，选择适合的诉讼请求保护自身合法权益。

六、商业秘密权利人的举证责任

根据我国《民事诉讼法》中"谁主张谁举证"的原则，商业秘密权利人主张行为人侵犯其商业秘密的，应当承担相应的举证责任证明该主张。商业秘密权利人承担举证责任时主要提供三类证据：存在商业秘密并归属于权利人的证据、行为人实施了侵犯商业秘密行为的证据以及赔偿损失的相关证据。

（一）存在商业秘密并归属于权利人的证据

由权利人确定主张的商业信息范围，再由人民法院对该信息是否符合商业秘密构成要件进行审查和认定。权利人需要证明商业秘密真实存在并归属于自己，而且权利人在证明时需要明确商业信息的内容和范围，以及符合商业秘密的构成要件。

1. 商业秘密具体内容

商业秘密是指不为公众所知悉、具有经济价值并经权利人采取保密措施的技术信息、经营信息等商业信息。商业秘密权利人主张其享有商业秘密的，应说明其商业秘密的具体内容，同时提供记载有商业秘密的合同、文档、计算机软件、产品、招投标文件、数据库文件、权利人企业与员工、合作企业约定保密义务的合同、员工证明、社保证明、离职手续、企业保密制度、保密装置等证据。

很多商业秘密的权利人对法律规定不熟悉，为了打赢官司，往往在起诉时主张一个非常宽泛的商业秘密范围，这样主张可能会将一些为公众所知悉的信息当作商业秘密，导致诉讼请求得不到法院的支持。而且，保护范围的确定过程相对复杂且当事人争议较大，一般需要经过多次举证、质证才能最终确定。因此，需要我们在诉讼准备阶段就先确定商业秘密的具体内容和范围，也就是明确秘密点，在诉讼过程中精准打击被告。例如，商业秘密具体由几部分组成，包括哪些秘密点，一个秘密点就是一个技术方案，秘密点不应当包含公众已经知悉的内容。如权利人主张生产工艺构成技术秘密的，应具体指出生产工艺中的哪些内容、环节、步骤构成技术秘密。如权利人主张产品配方构成技术秘密的，产品配方的秘密点，不仅在于产品配方中包括哪些配料，更在于各配料之间的成分比例以及该配方生产的相应工艺。秘密点的这些证据在形式上可以是图纸，也可以是实物，还可以是电子数据。

2. 商业秘密符合法定构成要件

商业秘密应同时具备秘密性、价值性和保密性等法定构成要件，而赢得商业秘密民事诉讼的前提是涉案商业秘密符合法定构成要件。

（1）秘密性。

商业秘密的"秘密性"要件是指该技术信息或经营信息等商业信息不为公众所知悉，权利人应举证证明商业秘密在被诉侵权行为发生时不为所属领域的相关人员普遍知悉和容易获得，或能够举证证明将为公众所知悉的信息进行整理、改进、加工后形成的新信息在被诉侵权行为发生时不为所属领域的相关人员普遍知悉。权利人为证明新的商业信息不为公众所知悉，可以将整理、改进、加工的过程和记录等作为证据提交。

（2）价值性。

商业秘密权利人需要证明该技术信息或经营信息等商业信息符合

"价值性"构成要件，可以根据研究开发成本、实施商业秘密的收益、保持竞争优势的时效等因素，举证证明商业秘密因不为公众所知悉而具有现实或潜在的商业价值。对于商业秘密而言，现实的或者潜在的经济利益或者竞争优势，都具备价值性。在实践中，不管是现实的可直接使用的商业秘密，还是处在研究、开发阶段而只具有潜在的或者可预期价值的商业信息，都可以构成商业秘密。不论是对生产、销售、科研等生产经营活动有用而直接创造价值的信息，还是在生产经营活动中有利于节省资金、提高企业竞争力的信息，即使是失败的试验报告、设计图纸等，都应当属于商业秘密保护范围。

商业秘密的价值性是指具有取得竞争优势的经济价值，仅限于经济价值，不具有经济价值而具有其他价值如精神价值的信息，不构成商业秘密。同样，与竞争优势无关的信息不属于商业秘密，即使经营者当作秘密来保护，也不属于商业秘密，而有可能构成个人隐私、公司秘密或国家机密等。

（3）保密性。

商业秘密权利人可以综合考量对商业秘密及其载体的性质、商业价值、权利人保密意愿和保密措施的配套程度等因素，对其商业秘密采取适当的保密措施，也就是具备"保密性"。

保密措施需要具备有效性、适当性及可识别性等特点。保密措施的有效性是指原告所采取的保密措施要与被保密的信息相适应，他人不采取不正当手段就难以获得。保密措施的适当性是指保密措施应当与保密信息实际状态所需要采取的保密程度和保密要求相适应，并非一味要求保密措施越多越好。保密措施的可识别性指的是原告采取的保密措施，在通常情况下足以使接触保密信息的人意识到该信息是需要保密的。

在民事诉讼中，权利人应当通过举证证明为了防止商业秘密外泄，在被诉侵权行为发生以前已经采取了合理适当的保密措施。商业秘密权利人通常采取的保密措施如下：签订保密协议或者在合同中约定保密条款；通过规章制度、专业培训、书面告知等方式，对能够接触到商业秘密的员工、客户、合作者、来访者等提出保密要求；以标记、分类、限制能够接触或者获取的人员范围和权限等方式，对商业秘密及其载体进行区别管理；对能够接触、获取商业秘密的电子设备、网络设备、存储设备等，采取禁止登录、限制使用、分权限访问等措施；对涉密的厂房、车间等生产经营场所建立来访登记制度；要求准备办理离职的员工返还、清除、销毁其接触使用的商业秘密及其载体，并继续履行保密义务等。

（二）行为人实施了侵犯商业秘密的行为

在权利人有权主张归属自己的商业秘密权利的前提下，权利人还需要提供证据证明行为人实施了侵权行为。

1. 实施侵权行为的证据

根据我国《反不正当竞争法》及相关司法解释规定，侵犯商业秘密行为主要表现为非法获取商业秘密的行为或违反保密义务，不当披露商业秘密、不当使用商业秘密等行为，权利人必须提供证据证明上述某种侵权行为客观发生。原告主张被告实施侵害其商业秘密行为的，可以从以下方面入手收集证据：如果被告已将商业秘密投入实际生产的，可收集被告生产的含有原告商业秘密的产品、产品手册、宣传材料、生产记录等；被告与第三方订立了含有原告商业秘密的合同，原告可收集该合同文书及合同履行情况等；经过专业机构的鉴定，可提供被告所用商业信息与原告商业秘密相同或实质相同的鉴定报告；能证实商业秘密被窃取、披露、使用的证人证言；被告存在教唆、引诱、帮助等间接侵权行为的，可提供被告教唆、引诱、帮助他人侵犯原告商业秘密的录音、录像、照片、聊天记录、电子邮件等证据。

2. 诉争商业信息与原告商业秘密构成实质性相同

由于商业秘密的秘密属性，行为人实施侵权行为一般不会明目张胆地进行，而是具有秘密、隐蔽的特点，避免被发现，所以权利人要举出直接证据证明行为人实施了侵权行为非常困难，因此在司法实践中，对权利人的证明要求往往采取"实质性相同加接触"原则。"实质性相同加接触"原则是指权利人如果证明了行为人使用的商业信息与权利人商业秘密相同或实质性相同，且行为人接触了商业秘密，则由行为人对其获得该商业信息的正当性进行举证，若行为人不能举证获得该商业信息来源的正当性，则推定其构成商业秘密侵权。

在我国商业秘密纠纷案件的司法实践中，"谁主张谁举证"是举证的基本原则，但在案件满足特定条件时，将发生举证责任倒置的情况。也就是说，在商业秘密民事诉讼中，权利人提供初步证据证明商业秘密已经被侵犯，且提供以下证据之一的，将转由被告来承担举证责任，证明其不存在侵犯商业秘密的行为：

（1）有证据表明被告有渠道或者机会获取商业秘密，且其使用的被诉侵权信息与该商业秘密相同或者实质上相同；

（2）有证据表明商业秘密已经由被告披露、使用或者有被披露、使用的风险等；

（3）可以证明商业秘密受到被告侵犯的相关证据。

（三）赔偿损失的相关证据

在司法实践中当权利人主张行为人赔偿损失时，法院判定的赔偿数额一般按照原告受到的实际损失、被告获得的利益以及商业价值等因素进行确定。一般情况下，先依据实际损失赔偿，实际损失难以计算的依据侵权获得的利益，实际损失和侵权获利均难以确定的，法院根据侵权行为情节在五百万元以下判赔。赔偿数额还应当包括经营者为制止侵权行为所支付的合理开支。

（1）权利人主张实际损失的，主要依据有研发投入、订单数量、平均利润等，并提供证据证明。直接依据技术秘密研发投入主张实际损失的，不一定能得到法院的支持。司法实践中因侵权行为导致商业秘密为公众知悉的，应根据相关商业秘密的商业价值确定损害赔偿额，而商业秘密的商业价值可根据研发成本、经营利益、预期收益、可保持竞争优势的时效等因素综合确定,并非仅仅依照研发投入确定损害赔偿数额。另外,商业秘密是否因侵权行为而外泄,被公众所知悉,也影响法院对赔偿数额的确定。

(2)侵权获利是被告因为实施了侵害行为而获取的非法利益。从过往商业秘密维权案件来看,证明实际损失难度较高,以侵权获利来确定赔偿数额相对容易,因侵权获利证据相对也比较容易获得,比如侵权产品生产量、库存量、销售量、行业平均利润率。原告不仅需要提供被告企业获利总额的证据,还需要证明涉案商业秘密在企业侵权获利中的贡献率。因侵权产品的利润受到多种因素影响,一般不能认定被告经营所获利润都归功于诉争商业秘密。贡献率证据可以通过协会证明、研究报告、专家证言等形式提供。

(3)法定赔偿是指实际损失或侵权获利难以确定的,由法官根据商业秘密的性质、商业价值、研究开发成本、创新程度、能带来的竞争优势以及侵权人的主观过错,以及侵权行为的性质、情节、后果等因素判决给予原告五百万元以下的赔偿。被告恶意侵犯商业秘密,情节严重的,可以按照上述方法确定数额的1~5倍确定赔偿数额。在确定惩罚性赔偿数额的倍数时,司法实践中会综合考虑被告主观过错程度、侵权行为的情节严重程度等因素。

七、证据保全和行为保全

为及时有效制止侵犯商业秘密的行为,原告可以依法向法院申请证据保全和行为保全。原告应当在提交保全申请的同时,举证说明保全申请符合法律规定的条件,并明确商业秘密保护的具体内容,同时提供载有商业秘密的合同、产品、技术图纸、招投标文件、电子文件等证据。

(一)证据保全

在商业秘密纠纷案件中,在证据可能灭失或者以后难以取得的情况下，原告可以在诉讼过程中向法院申请证据保全；因情况紧急，在证据可能灭失或者以后难以取得的情况下，申请人也可以在提起诉讼前依法向法院申请保全证据。商业秘密自身的特殊性决定了商业秘密侵权案件不同于一般民事案件。在侵害商业秘密案件中证据保全尤为重要。商业秘密侵权案件有举证难、证明难度大、案件技术含量高等特点。对于像涉嫌侵权的软件源代码、侵权产品的配方，即便在侵权行为发生后，如果不借助司法或行政的力量，靠原告自身往往无法获得充分的侵权证据。因此，为制止侵权行为并及时固定证据，原告可以向法院提出证据保全申请。

司法实践中，关于侵犯商业秘密民事纠纷案件，原告申请证据保全主要包括以下两类证据：一是被告的侵权证据，如被告与第三方的商业合同、存放设计图纸的电子设备等。原告向法院申请保全被告侵权证据时，应当提供其权利受到侵害且被告能够接触涉案商业秘密的初步证据，这是立案法院准许对被告的侵权证据进行保全的重要考量因素。二是被告的侵权获利证据，如被告财务账册、开具发票、出口数据等。原告可以到税务、海关等部门调取被告经营获利的证据，对于原告因客观原因不能调取到上述证据的，可以向法院申请调查。

（二）行为保全

当发现被告试图或者已经以不正当手段获取、披露、使用或者允许他人使用原告所主张的商业秘密，不采取行为保全措施会使判决难以执行或者造成当事人其他损害，或者将会使原告的合法权益受到难以弥补的损害的，原告可以向法院申请行为保全，并提供被告试图或正在实施侵权行为，以及不采取保全措施将造成严重后果的证据。原告在向法院申请行为保全的同时，应当提交"难以弥补的损害"的相关证据，一般包括以下内容：① 被告的行为将会侵害原告享有的商誉等权利且造成无法挽回的损害；② 被告的行为将会导致侵权行为难以控制且显著增加原告损害；③ 被告的侵权行为将会导致原告的相关市场份额明显减少等将给原告造成其他难以弥补的损害的证据或证明文件等。

同样地，原告既可以在诉讼前，也可以在诉讼中向法院申请行为保全。在情况紧急时，如果不立即申请保全会使判决难以执行或者造成原告其他损害，或者会使原告的合法权益受到难以弥补的损害的，原告也可以在提起诉讼前依法向法院申请行为保全。原告在向法院申请行为保全的同时，应当提交"情况紧急"的相关证据和说明。司法实践中"情况紧急"一般包括以下情形：① 原告的商业秘密即将被非法披露；② 原告的商业秘密即将被非法处分；③ 原告的商业秘密在展销会等时效性较强的场合正在或者即将受到侵害等其他需要立即采取行为保全措施的情况。

企业经营者通过保护商业秘密来充分实现企业产品的经济价值、增强企业的竞争优势。在司法实践中，商业秘密民事纠纷案件凸显了企业普遍不善于利用商业秘密进行知识产权保护和遇到纠纷时诉讼能力弱等一系列突出问题。因此，要克服上述问题，必须加强商业秘密保护和商业秘密的维权意识。商业秘密的民事维权不仅可以通过民事赔偿的方式有效弥补权利人的经济损失，而且可以通过责令停止、罚款等行政手段及时制止侵权行为的发生，从而最大限度地维护商业秘密权利人的合法权益。民事维权成为商业秘密法律保护众多形式中最基本、最主要的形式。加强民事法律保护，意味着抓住了商业秘密保护的根本和关键，有助于提高商业秘密保护的整体效果。

第十六章

商业秘密侵权的抗辩

扫描图中二维码
查看本章思维导图

在民事诉讼中，当原告起诉被告侵犯了自己的民事权益，被告为防止其因原告的起诉而产生对自己不利裁判的法律风险，依据法律规定，被告针对原告提出的诉讼请求所采取的防御方法，就是抗辩。抗辩是被告对付原告常用的诉讼手段，也是被告合法维护自身民事权利，避免承担不应该的法律责任的方法。企业作为商业秘密侵权案件的被告，一旦被认定商业秘密侵权行为成立，就需要承担相应的民事责任、行政责任，情节严重的，企业及负责人等还可能承担刑事责任。如果卷入商业秘密民事纠纷中，企业作为被告可以通过积极应诉，提出自己的抗辩理由，结合相应的证据，保护自身的合法权益。

一、原告所主张的商业秘密并不存在

在商业秘密侵权案件中，权利人必须证明其拥有符合法律规定构成要件的商业秘密，而被告也可以举证证明原告所称的商业秘密因为不符合法律规定的构成要件而不存在，如果商业秘密权利都不存在，那么被告当然不可能侵犯原告的商业秘密。司法实践中对于商业秘密不存在的抗辩重点是，被侵犯的商业秘密不符合法律规定的三个构成要件：该信息是否为公众所知悉、权利人是否采取合理的保密措施以及该信息是否具有商业价值。

（一）该信息已为公众所知悉

商业秘密的秘密性认定在于涉案信息不为其所属领域的相关人员普遍知悉和容易获得。若被告主张原告商业秘密不符合商业秘密"秘密性"的构成要件，可以证明商业秘密在被诉侵权行为发生时已进入公共领域，从而使该信息不再具有"秘密性"，也就不构成法律上的商业秘密。比如，被告可以从国内外生产、销售等公开领域找到有关的材料、产品、信息等，以证明该信息是可以从公开渠道直接获取的，用来反驳原告对商业秘密的权利主张，从而免除侵权责任。为证明原告主张的商

业秘密实际已被公众所知悉的,被告可以从以下方面收集相关证据:

(1) 原告商业秘密在所属领域属于一般常识或者行业惯例,被告应提供诉争信息所属的具体行业、领域的名称以及体现在该领域的一般常识、行业惯例中具体内容的证据;

(2) 原告商业秘密仅涉及产品的尺寸、结构、部件的简单组合等内容,进入市场后相关公众或所属领域的相关人员通过观察上市产品即可直接获得的,被告应提供该产品已经进入市场及通过对上市产品直接观察后知悉的关于涉案产品的尺寸、结构、部件的具体内容的证据;

(3) 原告商业秘密已经在公开出版物或者其他公开媒体上披露的,包括科技文献、宣传材料、视频资料等,被告应提供具体公开出版物或公开媒体披露的具体内容及信息载体等证据;

(4) 原告商业秘密已通过公开的报告会、博览会、展览会等方式公开的,被告应提供报告会、博览会、展览会中与涉案商业秘密相关的具体内容以及载体的证据;

(5) 所属领域的相关人员从其他公开渠道可以获得原告商业秘密的,被告需提供涉案商业秘密的具体所属领域、行业以及可以获取该信息的公开渠道,并积极做好证据固定;

(6) 该信息无需付出一定的代价而容易获得,被告可以提供无需付出对价即可获得该信息的具体途径或方式,并固定证据。

对被告而言,否定秘密性要件的思路主要是举证证明在被诉行为发生前,公知领域存在与原告信息相同或者实质相同的信息,或者原告的信息已经因公开展示、公开销售等行为而使其处于公众很容易就可以获得的状态。

(二)原告未采取相应保密措施

如果原告已证明该商业信息具有秘密性,不为公众所知悉,被告还可以从该商业信息不具备"保密性"入手证明商业秘密不存在。商业秘密权利人可以通过对人员、场所、信息及载体等制定保密措施,防止信息泄露。被告可以通过举证证明权利人未采取保密措施或者保密措施不当容易造成信息泄露进行抗辩。随着保密意识的加强，不太会出现原告完全未采取任何保密措施的情形，但在现实中经常会遇到因原告自身的保密措施不当造成泄密，从而使被告未实施违法行为就获取该商业信息。因原告保密不当造成泄密的情况，只要被告能够举证证明原告保密措施的不当之处，以及被告获取该信息的方式是基于原告保密措施的不当，就可以认为被告并未实施侵犯其商业秘密的行为。从商业秘密的构成要件来看，商业秘密应具备"保密性"，即商业秘密权利人应当对商业秘密采取合理的、适当的保密措施。如果权利人因保密措施不当而造成泄密，则该商业秘密本身就不具备"保密性"的构成要件，被告可以搜集商业秘密权利人对该商业秘密未采取适当保密措施的证据。

技术信息、经营信息等商业信息能够作为商业秘密保密，需要适当的保密措施为前提，若原告未采取保密措施，或保密措施不当，则该商业信息不能作为商业秘密予以保护。被告主张原告商业秘密未采取相应保密措施的，可以通过保密措施的可识别程度、保密措施与商业秘密价值配套程度、涉案商业信息及载体的特性、他人通过正当方式获得的难易程度等方面收集证据予以举证。如果被告能举证证明，原告没有采取任何保密措施，将有关资料放置在公开场合；或没有具体确定保密范围及保密内容；或没有约定保密义务或者没有将保密义务告知相对人，这些都表明原告未采取相应保密措施，则被告无须承担侵犯商业秘密的法律责任。

（三）不具有商业价值

"具有商业价值"是商业秘密的法定构成要件之一，不具备"价值性"，同样也不构成商业秘密。但由于"价值性"的认定标准存在较大空间，在司法实践中法院一般不会仅因认定涉案信息不具有商业价值而判定其不构成商业秘密。在商业秘密纠纷案件中关于"价值性"的证明通常由原告主张并提供证据，大多数情况下原告是在主张赔偿损失时提交相应的证据予以证明。该涉案商业信息不具备商业价值的证据，被告可以收集证据证明所谓的商业信息尚处于概念、思考阶段，不具有确定的可实施性,不能为原告带来现实的或者潜在的经济利益,也不会为原告带来竞争优势。

二、非同一性的抗辩

民事诉讼中,如果原告已经举证证明其商业秘密符合法定构成要件,被告还可以主张被告使用的商业秘密与原告拥有的商业秘密不同,这就是非同一性的抗辩。

判断两个商业秘密是否为同一商业秘密,特别是涉及技术信息,一般需要专门人员的专业知识来判断。司法实践中,一般通过委托鉴定来判断两个商业秘密是否相同,即同一性鉴定,主要是通过有合法资质的鉴定机构对被诉侵权信息与原告商业秘密的秘密点是否构成相同或等同进行鉴定。商业秘密同一性鉴定的重点环节是对检材和样本全部特征进行比较,区别异同。为有效抗辩,被告应当积极与法官和鉴定人沟通并提供所需资料。

为证明被控侵权信息与原告主张的信息不相同,被告可以收集记载被诉侵权信息的技术资料,包括技术图纸、工艺文件、源程序代码、文档信息等方面的证据,并且说明要求对比的内容及具体范围。被告收集好证据资料后,提交鉴定时应当注意以下几点:

(1) 保证鉴定资料的真实和完整;

(2) 文字材料须记载于纸质或光盘等有形介质中,并须加盖提供方印章;

(3) 实物材料须保存完好,不影响鉴定进行,一般应密封并在封口处加盖提供方印章。

三、合法来源抗辩

商业秘密的获取方式多种多样,有合法的方式,也有非法的方式。在司法实践中，只要是通过现行法律规定的构成"商业秘密侵权行为"以外的手段取得的，一般都会认为该商业秘密是通过合法手段取得的。当被告能够证明其获取的商业秘密的来源是合法时，那么被告对商业秘密的披露、使用或允许他人使用等行为，就不构成商业秘密侵权。从司法实践来看，常见的以商业秘密合法获取为抗辩理由的类型如下。

（一）自主研发

企业对于通过自主研发取得的商业秘密，应当及时进行权属固定，一方面可以明确商业秘密权属，另一方面可以固定商业秘密产生的时间点，有利于维权举证，也能有效遏制员工或合作者的觊觎之心。自主研发作为抗辩理由是基于商业秘密的"非排他"的特性，也就是商业秘密可以由多个权利主体分别独立拥有，不排斥其他人独立开发研究内容相同的商业秘密。如果一项商业秘密被不同的权利人先后独立研发完成，那么这些权利人，都应视作这项商业秘密的合法拥有者，这些权利人都有权利对该商业秘密进行披露、使用。

在商业秘密纠纷案件中被告主张其使用的技术信息、经营信息等商业信息是自行研发获得的，需举出充分证据证明该商业秘密的研发实验过程。通过自行开发研制获得的商业秘密，不会被认定为侵犯商业秘密行为。为了证明是自主研发，被告必须收集充分的证据证明其独立研发的事实，通过该独立研发获得了相同内容的商业秘密。被告企业可以从以下几个方面收集证据，进行举证：

（1）被告企业具有开发、研制、试验的能力，如企业研发人员资质、与研发内容相匹配的实验操作技能等；

（2）被告企业在独立研发过程中产生的全部有用数据、文件、记录等资料，包括研发的电子文档、电子邮件、聊天记录、财务记录、证明文书等；

（3）被告企业为独立研发而投入的人力、物力、财力等研发成本的相关证据，用于证明企业真实进行过研发并取得成功。

被告在证明自主研发的过程中,最好能同时提供证据证明与原告的商业秘密不存在"接触"条件。在司法实践中,法院认定侵犯商业秘密行为时常用的规则是"接触＋实质相同"规则。所谓"接触＋实质相同"规则,意思是如果被告所使用的技术信息和经营信息等商业信息与原告的商业秘密相同或实质性相同,同时原告又有证据证明被告在此前具备了接触该商业秘密的条件,那么就应当由被告来证明其所使用的商业信息存在合法来源,如果被告不能提供证据证明,就应当判定被告承担侵权赔偿责任。在这种情况下,被告可以通过证明其并未接触、没有条件接触原告的商业秘密,即与原告商业秘密没有"接触"条件。

(二)反向工程

反向工程是指通过技术手段对公开渠道获得的产品进行拆卸、测绘、分析等而获得该产品的构造、成分等有关技术信息。

在产品流入市场后,有些企业通过对市场流通产品的"反向工程"即可获得以该产品为载体的商业秘密。产品不同于始终处于商业秘密权利人控制之下的技术图纸、配方文档等,一旦进入市场销售,产品就不在原告公司的控制之下。一般产品的制造过程是先完成研发,产生属于自己的技术秘密,再根据技术秘密制造产品,而反向工程是先取得产品再研发产品技术秘密的反向研究,同样属于独立研发取得商业秘密,只不过研发的对象是公开的产品而已。合法的反向工程是获取商业秘密的正当方法,不构成商业秘密侵权。被告使用反向工程理由进行有效抗辩的,可以根据以下步骤进行证据收集。

(1)提供证据证明获得含有商业秘密的产品的合法性,包括购买合同、购买发票、提货单等通过公开渠道取得产品的证据。

(2)同时应当提供被告从公开渠道取得的产品中获得有关技术信息的工作记录、文档数据等,主要包括以下内容:被告花费人力、物力对产品进行拆卸、测绘、分析的实验过程及数据材料;反向工程完成后研制产品的开发文档、技术资料等材料,以证明真实利用反向工程获得的技术信息生产产品的事实;如果是委托他人进行反向工程的,被告应当提供委托他人通过反向工程获得有关技术信息的合同、电子邮件、会议纪要等相关证明文件。

（3）企业提供的拆卸、测绘、分析的数据材料必须能够得出相同的商业秘密。被告为抗辩成功，在准备好了实施反向工程获得商业秘密的证明材料后，还应该对实施全过程进行详细说明，说明是从产品反向研究获得涉案商业秘密的全部过程。

如果侵权诉讼的被告是通过反向工程获得相同的商业秘密，就不会被法院认定为侵犯商业秘密行为。"反向工程"的研究是合法行为，受到法律保护，目的是鼓励科技创新和进步。当然，合法实施反向工程也是有条件的，主要是指反向工程的对象应当是"从公开渠道取得的产品"，也就是取得产品是合法的，如果反向工程针对的产品本身来源不合法，那么以此为基础开展反向工程获得的技术信息也是不合法的；被告曾与商业秘密权利人通过保密协议约定不得实施反向工程的，应当遵守该约定。另外，被诉侵权人以不正当手段获取权利人的商业秘密后，又以反向工程为由主张未侵犯商业秘密的，人民法院不予支持。

如果被告举证证明了反向工程的真实存在，那么被告不构成商业秘密侵权。虽然被告通过反向工程知悉了原告的商业秘密，但是反向工程并不能导致该商业秘密的秘密性构成要件的丧失。也就是说，在司法实践中，如果被告是通过正当手段进行反向工程获取的商业秘密，则被告也成为该商业秘密的权利人，对该商业秘密的使用也会受到法律保护。在这之后，如果原告发现其他企业实施了侵犯其商业秘密的行为，可以向法院提起诉讼，要求该企业承担法律责任。

（三）合法受让

商业秘密属于知识产权，其所有人有权通过转让协议、许可协议向他人转让或许可他人使用该项商业秘密。商业秘密使用人也可以通过与权利人订立转让协议、许可协议并支付一定费用的方式，约定在一定范围内使用商业秘密。因此，如果被告能举证证明是通过商业秘密权利人的合法受让或许可的，据此主张该商业秘密具有合法来源，则被告实施商业秘密的行为不构成侵权，不需要承担法律责任。商业秘密权利人在许可或转让商业秘密信息时，被许可人或是受让人可以是一人，也可以是多人，如果是多人的情况下，多个被许可人或受让人均视为合法获取该商业秘密。

合法受让的方式是指被控侵权的商业秘密来源于合法的转让或许可等方式，被告没有侵权的故意。商业秘密侵权案件的被告主张合法受让抗辩的，可以通过以下方式收集证据。

（1）被告得到权利人合法授权的证据，如被告与权利人签订的授权书、商业秘密转让协议、商业秘密许可协议等文件。

（2）原告知悉被告合法使用的证据，包括记载有原告知悉被告使用涉案商业秘密的电子邮件、会议纪要、告知函等相关证据，也包括原告在知悉被告使用涉案商业秘密行为之后的默示许可的证据。

（3）如果被告是通过支付金钱等对价从权利人处获得涉案商业秘密的，应当收集包括支付凭证、汇款记录、发票等证据。

（四）个人信赖

所谓信赖交易是指客户基于对员工个人的信赖而与员工所在企业进行市场交易，即使员工离职后，客户也愿意跟着该员工与员工所在的新单位进行市场交易。企业在市场经济条件下可以自由地进行正常合法的商业活动，可以自主地选择自己的合作伙伴，不同企业的市场主体对合作伙伴的要求是不一样的，可以根据自己企业的商业需要自由选择合作伙伴及合作方式。有的行业合作是基于公司平台、公司规模、物质技术条件；有的行业合作则是依靠个人能力，如医疗、法律等较为强调个人专业技能的领域。一旦客户与员工个人通过商业合作绑定以后，无论员工流动到哪个单位，客户都会选择与员工所在单位进行合作。这很大程度上是对员工个人专业能力的认可，但同时也容易引发员工与前雇主的纠纷。

这种行为常常引起前雇主的不满，前雇主会以员工侵犯企业商业秘密为由提起民事诉讼。在司法实践中，对于这种合作，客户是基于对员工个人的信赖而与员工所在单位进行市场交易,在该员工离职后,能够证明客户自愿选择与自己所在新单位进行市场交易的,应当认定被告行为不构成侵犯商业秘密。

被告可以提供客户基于对离职员工个人的信赖而自愿与该离职员工或者其所在新单位进行市场交易的情况说明、证人证言等证据。需要注意的是,在商业秘密侵权案件中员工以"个人信赖"提出抗辩时,因客户与案件处理结果存在利害关系,在没有其他证据证明的情况下,仅凭客户出具的自愿交易声明,一般不应当认定被告所使用的客户信息具备合法来源,被告还应进一步举证证明客户与原用人单位的市场交易也是基于对员工的个人信赖而进行的。也就是说,被告在举证证明客户基于对员工的个人信赖才选择新单位时,也应当证明该客户与原告的交易是基于客户与原告前员工之间的特殊信赖关系而发生的,即客户是基于该员工才与原告发生交易,而非基于对原告企业的信赖。如果员工是利用原告所提供的物质技术条件、交易平台优势,才获得与客户进行交易机会的,被告"个人信赖"的主张将得不到法院的支持。在司法实践中,为形成完整的证据链,如果被告主张被诉侵权信息是基于个人信赖获取的,可以从以下方面收集证据。

(1) 所涉行业领域注重个人专业技能的行业特点,用于证明客户与员工个人的依赖程度高。

(2) 客户明确是基于对员工个人的信赖自愿选择交易的情况说明、聊天记录、电子邮件等,主要目的是证明客户的行为出于自愿,而不是被告以欺诈、胁迫等不正当手段非法获得的客户。为了提高证据的证明力,必要时可以申请客户出庭作证。

(3) 与客户的交易,未利用原告所提供的物质技术条件、交易平台优势的沟通记录等能证明是基于个人信赖获取商业秘密的相关证据。

在商业秘密民事诉讼中,被告提出"个人信赖"的抗辩理由,必须证明客户选择的交易行为并非基于离职员工不正当地披露、使用其所接触的商业秘密,而是交易对方基于"个人信赖"自主选择的结果。民事诉讼中,如果适用个人信赖进行抗辩时要符合以下条件。

（1）客户是基于与员工个人之间的特殊信赖而与职工所在单位发生交易。

（2）该员工从原单位离职后，客户是自愿与该员工或该员工所在新单位发生交易。一般情况下，该员工不得主动联络客户，也不得主动向客户提出与新单位交易的要求。司法实践中，法院不会仅凭公司与原单位的客户建立了相同业务交易关系就认为被告侵害了原告的商业秘密，而是需要综合被告是否违反了公认的商业准则、所涉行业的交易习惯、交易双方的认知及主观状态等因素，在具体案件中认定是否符合"个人信赖"的条件。

四、善意取得

商业秘密的善意取得是指第三人（商业秘密受让人）在取得商业秘密时确实不知道，也没有合理的理由应当知道出让人没有商业秘密处分权。

商业秘密的善意取得是被诉侵权人进行有效抗辩的理由。善意取得商业秘密的当事人可以在其取得时的范围内继续使用该商业秘密，但应向权利人支付合理的使用费用并承担保密义务。

我国《反不正当竞争法》规定第三人明知或应当知道其所获得、使用或披露的商业秘密是通过不正当途径得来的，视为侵犯商业秘密；但并没有对"第三人为善意"的情况下该如何认定作出明确规定。虽然法律没有明确规定，但在司法实践中，有的法院是认可商业秘密的善意取得的，如果案件被告能够证明对于原告商业秘密的非法获取、使用、披露行为并非明知或应知的，被告主观上就不具备共同侵权的故意，进而认定被告行为不构成侵犯商业秘密。

由此可见，善意取得制度在商业秘密民事案件中是否适用，关键在于是否能证明第三人主观上为善意，这要求第三人对商业秘密持有人无权处分商业秘密的情形并非明知或应知，被告在主观上并无过错的前提下，并且支付了合理对价取得商业秘密的，不构成商业秘密侵权，无需承担侵权责任。因此，对于善意取得商业秘密的一方，也就是侵权案件的被告需要搜集没有主观过错、并不知悉商业秘密持有人无处分权、已经支付合理对价等证据。主张商业秘密善意取得进行抗辩的被告，应当从以下方面收集证据。

（1）被告不是直接从商业秘密所有人，而是从无权处分人处取得或受让商业秘密。这个"无权处分人"既可以是通过侵权或者违约途径，取得并占有商业秘密的人，又可以是无权处分该商业秘密的信息合法持有人。被告可以通过提供涉案商业秘密的取得途径，如合同书、往来邮件、会议纪要等相关证据证明无权处分人未尽告知义务，向被告隐瞒真实情况。

（2）商业秘密持有人与被告之间转让商业秘密的交易行为已经完成，且除持有人无处分权的瑕疵外，其他方面都合法有效。被告可以提供双方交易行为真实存在的相关证据。

（3）被告主观上为善意，即要求被告确实不知道，也没有合理的理由应当知道商业秘密持有人无转让商业秘密的权利，这是判断被告是否构成善意取得的重要标准。被告可以提供不知情或在一般注意义务下未能发现商业秘密持有人无转让商业秘密权利的证据。如果在转让过程中，被告明知或者因重大疏忽应当注意而没有注意到转让人的无权转让行为，则不适用善意取得，被告构成侵犯原告的商业秘密。

（4）被告支付了适当的对价，即被告按照公平交易原则向无处分权人支付了合理的对价才知悉相关商业信息的。被告可以将支付对价的付款记录、收款信息以及合同发票等交易凭证作为证据。如果被告获得相关信息并没有支付对价或者仅支付了很少的对价即取得商业秘密，则通常会认定双方之间并非真正的市场交易行为，不应受善意取得制度的保护，应当承担侵犯商业秘密的法律责任。

对于企业而言应当重点关注跳槽员工是否涉及侵犯前雇主的商业秘密，我们也遇到过这种现象，因为员工侵犯前雇主商业秘密行为导致企业被起诉，如果企业想要主张善意取得进行抗辩的，需要证明企业已经尽到"明知或应知"的注意义务。如果企业明知或应知某项技术研发较为复杂，需投入较多人力、物力和时间才能完成，但如果新入职的员工在很短时间内便独自完成研发并且未花费企业的研发经费，那么在司法实践中一般认定该公司主观上存在过错，也就不符合"善意取得"的认定标准，应当承担侵犯原告企业商业秘密的法律责任。

五、通过其他合法方式获得商业秘密

实践中，还有许多其他合法取得商业秘密的途径可以作为抗辩理由。例如，情报分析，或是通过入股、合作等其他合法途径获得。只要被告能提供充分的证据证明其合法来源，就能够进行有效抗辩。

商场竞争如战场冲锋，企业经营者常常会利用情报分析手段刺探竞争对手的商业情报。法律上的"情报分析"是指他人根据某项商业秘密相关的公开信息和资料，结合相关专业知识和实践经验，通过分析、研究，还原出该项商业秘密。这种"情报分析"本质上可视为一种公开商业情报收集、分析和研判的手段，通过实施这种手段，获取特定目标的相关商业秘密。企业在市场经济竞争中必然会向外界透露一些商业信息，情报分析工作就是通过瞄准这些商业信息，持续跟踪、收集商业秘密权利人的公开活动资料，然后运用科学的分析方法，推测出商业秘密的轮廓，从而知悉商业秘密的具体内容。

当然，实施合法的"情报分析"也是有条件限制的，就是与商业秘密相关的公开信息和资料，收集手段和过程必须是合法的。被诉侵权人想要使用"情报分析"的理由有效抗辩，应提供证据证明获得含有商业秘密的情报的合法性；同时应当证明花费人力、物力对相关情报进行分析、研判的数据材料及过程，用来证明情报分析的真实发生；最后，企业提供的情报分析的数据、材料等资料必须能够得出与原告商业秘密相同或实质相同的商业秘密。

加强对商业秘密的保护，不仅是国家和社会的需求，也是创新型企业的呼声。商业秘密纠纷通常发生在发展较为迅速的行业领域和竞争较为激烈的企业之间，涉及的企业知名度高、案件影响大。有的案件中原告通过恶意提起商业秘密诉讼，倒逼被告为证明其不存在侵犯原告商业秘密的行为，而提供大量的企业技术信息、经营信息等商业信息用于抗辩，原告便可以通过质证而获取属于被告的商业秘密。权利人无论是维权还是抗辩都可能因为举证、质证而泄露自己的商业秘密。因此，作为商业秘密侵权案件的被告，一方面应当根据法律规定积极应诉，避免承担不应该的法律责任；另一方面也应当保护好自身的商业秘密，避免外泄。

第十七章

侵犯商业秘密罪及刑事责任

扫描图中二维码
查看本章思维导图

商业秘密常常是一个企业的核心竞争力，一旦泄露很有可能给这个企业带来重创，还可能会给企业带来灭顶之灾，所以我国立法严厉打击侵犯商业秘密的行为。侵权企业或个人不仅需要承担民事责任、行政责任，情节严重的，还有可能构成侵犯商业秘密罪，承担刑事法律责任。如果构成侵犯商业秘密罪需要承担什么法律责任呢，简而言之就是：坐牢加赔偿！根据我国刑法的相关规定，当我们遭遇商业秘密被侵犯时，可以通过向公安机关报案的方式获得刑事救济。我们需要了解侵犯商业秘密的行为在什么情况下可能构成犯罪，以及需要承担什么样的刑事责任。

一、侵犯商业秘密罪

侵犯商业秘密罪是指以盗窃、利诱、胁迫或者其他不正当手段获取权利人的商业秘密，或者非法披露、使用或者允许他人使用其所掌握的或获取的商业秘密，给商业秘密的权利人造成重大损失的行为。这里所说的"损失"，包括直接或间接的经济损失。认定侵权行为是否构成侵犯商业秘密罪，通常需要从侵犯商业秘密罪的客观要件、客体要件、主体要件、主观要件等构成要件分析，只有同时满足全部构成要件的，侵权行为才构成侵犯商业秘密罪，行为人应当承担触犯该罪的相关刑事责任。关于侵犯商业秘密罪四个构成要件的具体分析如下：

（一）客观要件

犯罪构成的客观要件是指犯罪行为的具体表现。侵犯商业秘密罪的客观要件就是指行为人在客观上实施了侵犯商业秘密的行为，并达到"情节严重"标准的。

第一，犯罪行为的对象是商业秘密，即涉案商业信息需要满足法律规定的商业秘密的秘密性、保密性、价值性三个构成要件。以技术信息为例，如何认定技术信息属于商业秘密：一方面，要看涉案的技术信息是否"不为公众所知悉",即具有非公知性;另一方面,要看权利人是否对其技术信息采取了合理的保密措施,将该技术信息作为商业秘密进行管理。

第二,实施侵犯商业秘密罪的具体行为表现为以下四种形式:

(1) 以盗窃、贿赂、欺诈、胁迫、电子侵入或者其他不正当手段获取权利人的商业秘密;

(2) 披露、使用或者允许他人使用以上述不正当手段获取的权利人的商业秘密;

(3) 违反保密义务或者违反权利人有关保守商业秘密的要求,披露、使用或者允许他人使用其所掌握的商业秘密;

(4) 明知上述所列不正当获取、不正当使用行为或违反保密义务不正当披露、使用的,仍获取、披露、使用或者允许他人使用该商业秘密的间接侵权行为。

第三,情节严重。"情节严重"是指给权利人造成了重大损失,重大损失是指经济方面的重大损失,包括减少企业盈利、增加企业亏损,使企业在竞争中处于不利地位甚至引发企业破产、倒闭等。根据刑法的规定,"情节严重"是构成侵犯商业秘密罪的必备要件,不构成"情节严重"就不构成侵犯商业秘密罪,不需要承担刑事责任。

(二)客体要件

犯罪客体是犯罪构成的要件之一,是指刑事法律所保护而为犯罪行为所侵害的社会关系。确定了犯罪客体,在很大程度上就能确定犯的是什么罪以及危害程度。如果行为人侵害的不是刑事法律保护的社会关系,而是民事法律或行政法律保护的社会关系,就不能构成犯罪,行为人也不负刑事责任。侵犯商业秘密罪所侵犯的客体为受国家保护的以知识产权为交易对象的正常有序的市场经济秩序,其中包含商业秘密权利人对商业秘密所拥有的合法权益。

（三）主体要件

犯罪主体是指实施危害社会的行为并依法应当负刑事责任的自然人和单位。自然人主体是指达到刑事责任能力的自然人。单位主体是指实施危害社会行为并依法应负刑事责任的公司、企业、事业单位、机关、团体。

本罪的主体为一般主体，凡达到刑事责任年龄且具备责任能力的自然人均能构成本罪，单位也能构成本罪主体。在司法实践中，认定单位犯罪应核实下列因素予以综合判断：侵权单位经营范围和主要营收来源；侵权产品或技术是否是企业唯一业务和收入来源；涉案企业是否是被告人专门实施犯罪而成立；涉案业务是否经过了企业决策机关决议；违法所得是被少数人私分还是用于企业日常经营。

司法实践中侵犯商业秘密罪的主体要件成分比较复杂，除通常的与权利人具有劳动关系、合同关系、委托关系、行政管理关系的人员外，其他任何人员也都可能因盗窃、贿赂、欺诈、胁迫、电子侵入或者其他不正当手段获取权利人的商业秘密而成为该罪的主体。

（四）主观要件

犯罪主观要件是指刑法规定的成立犯罪所必须具备的行为人对自己实施的危害社会行为及其结果所持的心理态度，包括犯罪的故意、过失，犯罪的动机、目的等。它是刑法对成立犯罪在主观心理上的要求。本罪的主观方面只能是故意，过失不构成本罪。我国刑法上的犯罪故意是指行为人在实施犯罪时，明知自己的行为会发生危害社会的结果，希望或放任这种结果发生的心理态度。在侵犯商业秘密罪中表现为行为人有意识地通过一种或多种犯罪手段侵犯他人商业秘密。

二、侵犯商业秘密罪的刑事立案标准

刑事案件立案标准是指公安机关、人民检察院发现犯罪事实或者犯罪嫌疑人，或者公安机关、人民检察院、人民法院对于报案、控告、举报和自首的材料，以及自诉人起诉的材料，按照各自的管辖范围进行审查后，决定是否作为刑事案件进行侦查起诉或者审判所依照的标准。

（一）侵犯商业秘密罪司法认定

我国刑法明确规定，只有达到"情节严重"的侵犯商业秘密行为，才会构成侵犯商业秘密罪。商业秘密已经成为企业核心竞争力中不可或缺的重要组成部分，这些商业秘密的安全与否关系到企业的生存与发展，一旦外泄，不仅是经济利益受到损失，还会在市场上损毁企业信誉、形象。但在互联网广泛运用、全球化深入合作、大数据安全堪忧的时代背景下，以软件、数据等电子形式存在的商业秘密比传统商业秘密更加容易外泄，商业秘密被盗取或者泄露的方法、手段更多，复制性高和传播性快等特点，也使得商业秘密外泄会给企业造成无法估量的损失。为了加大商业秘密侵权行为惩治力度、提高犯罪侵权成本，在追究侵犯商业秘密罪法律责任的立法和司法实践中都作了相应变动，主要调整内容包括以下几个方面。

1. 降低侵犯商业秘密罪的入罪门槛

目前，对侵害商业秘密行为的法律救济主要以刑事救济、行政救济和民事救济为主。与其他部门法相比，刑法作为最后的底线手段，公安机关受理侵犯商业秘密刑事案件的门槛较高，对证据的要求也相对比较严格，已经造成司法实践中打击犯罪的困境。最新的刑法修正案从"定性"与"定量"两重角度对侵犯商业秘密罪的规定进行了改动，降低了入罪门槛，明确了保护和打击的对象，主要表现为以下三个方面：

① 强调违反保密义务的刑事违法性。② 扩大了商业秘密的外延。将"经营信息和技术信息"修改为"经营信息、技术信息等商业信息",将商业秘密的范围扩展为全部具有价值的不为公众所知悉的商业信息。③ 侵犯商业秘密罪追诉标准的相关数额适当降低。为了加大对商业秘密权利人的司法保护力度,加大对侵犯商业秘密的惩罚力度,将原有司法解释中以造成经济损失或获取违法所得 50 万元的追诉标准,降低为造成经济损失或获取违法所得 30 万元。

2. 侵犯商业秘密所致财产损失的计算区别性对待

我国刑法明确规定侵犯商业秘密的行为,只有造成重大损失等达到"情节严重"标准才能构成侵犯商业秘密罪。侵犯商业秘密罪的行为具有多种形式:既有以不正当手段获取他人商业秘密之后实施侵害的,又有基于合同、约定等合法途径获得他人商业秘密之后实施非法侵害的,还有明知他人实施侵害商业秘密行为而在他人行为基础上实施进一步侵害的。不同形式的侵害商业秘密的行为所造成的损害后果并不相同,比如违反约定披露他人商业秘密,与行为人非法获取商业秘密后尚未披露就完全不同,二者所造成损失金额的计算方法也应当有所区别。

在司法实践中,实施刑法规定的侵犯商业秘密行为造成的损失数额或者违法所得数额的计算,主要包括该项商业秘密的合理许可使用费、权利人因被侵权造成销售利润的损失以及商业价值等方式,还要综合考量不同行为的社会危害程度认定。比如,以不正当手段获取商业秘密之后是否实际使用:以非法手段获取商业秘密后,但尚未披露使用的,损失数额可以参考该项商业秘密的合理许可使用费确定;以非法手段获取商业秘密后,已经披露使用的,损失数额可以参考权利人因侵权行为造成销售利润的损失数额。

侵犯商业秘密罪需要具备"情节严重"的犯罪构成要件,但也存在特殊行为犯的例外,如刑法增加了为境外刺探的例外,即在犯罪构成的判断上不考虑"情节严重",只要为境外的机构、组织、人员窃取、刺探、收买、非法提供商业秘密的,即构成为境外窃取、刺探、收买、非法提供商业秘密罪,该罪是行为犯,一经实施即构成犯罪,"情节严重"则是加重处罚的依据。

3. 商业秘密权利人因侵权造成损失额的计算依据

关于权利人因被侵权造成销售利润的损失,可以通过以下方式的顺序进行确定:权利人因被侵权造成销售量减少的数量乘以权利人每件产品的合理利润确定;销售量减少的总数无法确定的,可以根据侵权产品销售量乘以权利人每件产品的合理利润确定;权利人因被侵权造成销售量减少的数量和每件产品的合理利润均无法确定的,可以根据侵权产品销售量乘以每件因侵犯商业秘密所销售的产品的合理利润来确定;如果涉案商业秘密并未被权利人投入实际使用的,可以参考权利人为开发该商业秘密而支出的研发成本确定损失额。

还需要注意的是,如果被侵犯的技术秘密只是权利人技术方案的一部分,应当根据被侵犯的技术信息在整个技术方案中的所占比例、所起作用等因素确定损失数额。如果涉案商业秘密是经营信息的,应当根据该项经营信息在经营活动所获利润中所起作用等因素确定损失数额。

(二)侵犯商业秘密罪的立案追诉标准

最新的刑法修正案对侵犯商业秘密罪做了重大修改,包括规范行为方式、降低入罪门槛、加重法定刑等,并增设了为境外窃取、刺探、收买、非法提供商业秘密罪。侵犯商业秘密罪立案追诉标准要求涉案侵权行为需要同时满足行为和结果两个条件,即实施了刑法规定的侵犯商业秘密行为,同时给权利人造成的损失达到了该追诉标准的损失数额。

刑法规定的侵犯商业秘密行为主要包括不正当获取、不正当使用行为或违反保密义务不正当披露、使用的,仍获取、披露、使用或者允许他人使用该商业秘密的行为。针对侵犯商业秘密罪的追诉标准的结果条件不仅有从商业秘密受害人出发的财产损失标准,且存在以违法主体通过实施侵害商业秘密行为取得违法所得的获利标准,还有致使权利人破产等重大损失的危害结果标准。"给商业秘密的权利人造成重大损失"

是指给商业秘密的权利人造成损失数额或者因侵犯商业秘密违法所得数额在30万元以上的；或直接导致商业秘密的权利人因重大经营困难而破产、倒闭的；或造成商业秘密的权利人其他重大损失的。以上三种"重大损失"条件满足其一即可认定造成了重大损失。这是对于自然人实施侵犯商业秘密犯罪行为的刑事立案标准；对于单位犯罪而言，给商业秘密的权利人造成损失数额或者因侵犯商业秘密违法所得数额在90万元以上的，才达到侵犯商业秘密的刑事立案追诉标准。

三、发现侵犯商业秘密事实的报案

单位或者个人，包括被害人，发现有侵犯商业秘密的犯罪事实发生时，可以向公安机关、人民检察院或人民法院告发。根据我国刑法规定，不限于被害人，任何单位和个人发现有犯罪事实或者犯罪嫌疑人的，有权利也有义务向公安机关、人民检察院或者人民法院报案或者举报。

刑事案件的立案要同时具备两个条件：一是认为有犯罪事实；二是认为需要追究刑事责任。在涉嫌侵犯商业秘密案件中，就是要查明是否有侵犯权利人合法的商业秘密权利并造成重大损失的事实存在，要查明是否需要追究侵权行为人的刑事责任。当企业遭遇商业秘密被侵犯，试图通过报案寻求刑事救济时，应当准备好相关的报案材料，可以从以下方面来准备刑事立案的初步证据：

（1）证明行为人具有刑事主体资格的证据，如果侵犯行为人是自然人的，可以提供其年龄等证明其具有刑事责任承担能力的自然人的身份证明文件；如果是单位的，可以提供其民营企业、事业单位、社会团体等证明其主体资格的工商登记资料以及单位负责人的身份证明材料等。

（2）证明行为人侵犯对象是企业享有的商业秘密的相关证据，包括涉案信息不为公众所知悉的鉴定意见、载有商业秘密的技术资料和经营资料等、商业秘密研发立项文件及研发全程记录文件等，以及公司保密制度、保密协议、采取物理隔离保密措施等可以证明企业采取了有效的保密措施的相关证据。

（3）证明存在犯罪事实的证据。有犯罪事实，是指客观上存在某种危害社会的犯罪行为，这是刑事立案的首要条件。有犯罪事实包含以下两个方面的内容：① 必须是依照刑法的规定构成犯罪的行为，刑事立案应当而且只能针对犯罪行为进行。由于刑事立案是启动追究犯罪的刑事诉讼程序，所以商业秘密立案时证明有犯罪事实并不要求非常详细具体。犯罪具体情节在立案时难以明确的，可通过立案后的侦查活动来调查清楚。② 要有一定的证据材料证明犯罪事实已经发生。即指犯罪事实确实已经存在，必须有一定的证明材料予以证明犯罪事实确已发生。商业秘密刑事立案仅仅是刑事诉讼的初始阶段，不能要求侵权证据齐备，但必须有一定的证据证明犯罪事实确已发生，比如提供侵权产品来证明犯罪事实已经发生等情况。在商业秘密犯罪案件的侦查、审查起诉、审判等诉讼阶段，权利人应当积极配合调查，尽可能提交完善齐全的证明材料，以达到有效打击犯罪、追究犯罪嫌疑人刑事责任的目的。

（4）证明行为人实施侵权行为给权利人造成"重大损失"等情节严重的相关证据，具体包括给商业秘密权利人造成损失数额在30万元以上的或致使商业秘密权利人破产的；如果侵犯商业秘密行为人是单位时，应当提交给商业秘密权利人造成损失数额在90万元以上的或违法所得数额在90万元以上的相关证据，如销售记录、销售发票、提货单等足以证明损失金额的财务清单等相关资料，或给权利人造成重大损失的评估材料等。

四、侵害商业秘密的刑事法律责任

实施了侵犯商业秘密的行为，就应当承担相应的法律责任。按照我国刑法的规定，实施了法律规定的不正当获取、不正当使用、违反保密要求不正当使用以及明知具有不正当获取或不正当使用行为仍披露、使用或允许他人使用等侵犯商业秘密行为之一的，并且给权利人造成的损失数额达到刑事立案标准时,将以侵犯商业秘密罪定罪量刑。

侵犯商业秘密犯罪行为应承担的刑事法律责任包括有期徒刑,单处或并处罚金的附加刑,主要有两个量刑幅度:① 实施法律规定的侵犯商业秘密行为之一,情节严重的,处三年以下有期徒刑,并处或者单处罚金。给商业秘密权利人造成损失数额在30万元以上的,属于刑法中侵犯商业秘密罪规定的"情节严重"情形;② 实施法律规定的侵犯商业秘密行为之一,情节特别严重的,处三年以上十年以下有期徒刑,并处罚金。需要注意的是,关于情节严重与情节特别严重的界定标准。根据相关司法解释,给商业秘密的权利人造成损失数额在250万元以上的,属于刑法中侵犯商业秘密罪规定的"情节特别严重"情形,应当以侵犯商业秘密罪判处三年以上十年以下有期徒刑,并处罚金。

如果是单位犯罪的,给商业秘密的权利人造成损失数额在750万元以上的,属于"情节特别严重"情形,也应当以侵犯商业秘密罪判处三年以上十年以下有期徒刑,并处罚金。单位作为侵犯商业秘密罪的特殊主体,法律单独对其作了特别规定。如果单位实施违法行为构成侵犯商业秘密罪的,依法实行双罚制,既要处罚单位又要处罚单位直接负责的主管人员和直接责任人员。对单位判处罚金,罚金数额以个人犯该罪的罚金数额的三倍来确定,并对其直接负责的主管人员和直接责任人员,按照个人侵犯商业秘密罪进行处罚。

为境外的机构、组织、人员窃取、刺探、收买、非法提供商业秘密的,即构成侵犯商业秘密罪,法定刑期为处五年以下有期徒刑,并处或者单处罚金;情节严重的,提高了刑罚的幅度,即处五年以上有期徒刑,并处罚金。

司法实践中关于罚金的判定标准,根据相关司法解释的规定,对于侵犯商业秘密罪的,应当综合考虑犯罪违法所得数额、非法经营数额、给权利人造成的损失数额及社会危害性等情节,依法判处罚金,根据涉案金额的计算方式不同,大致分为以下几类:① 罚金数额一般在违法所得数额的一倍以上五倍以下确定;② 违法所得数额无法查清的,罚金数额一般按照非法经营数额的百分之五十以上一倍以下确定;③ 违法所得数额和非法经营数额均无法查清，判处三年以下有期徒刑、拘役、管制或者单处罚金的，一般在三万元以上一百万元以下确定罚金数额；判处三年以上有期徒刑的，一般在十五万元以上五百万元以下确定罚金数额。

从重处罚是指在法定处罚种类和幅度内对行为人适用较重种类或者较高幅度的处罚。它表明应受处罚的行为是严重的，只有对行为人处较重的处罚，通过加重行为人的刑事责任，才能保持刑事处罚与违法行为的性质和情节相适应。根据相关司法解释，具有下列情形之一的，法院可以依法酌情从重处罚：① 行为人主要以侵犯商业秘密为业的；② 行为人因侵犯商业秘密被行政处罚后再次侵犯商业秘密构成犯罪的；③ 拒不交出违法所得的。

刑罚上的从轻处罚指法院在法定刑幅度以内判处最轻的或较轻的刑罚。司法实践中行为人的违法行为虽已构成侵犯商业秘密罪，但具有下列情形之一的，可以向法院请求酌情从轻处罚：① 行为人认罪认罚的。在我国的刑事诉讼的程序的规定中，犯罪嫌疑人、被告人自愿如实供述自己的罪行，承认指控的犯罪事实，愿意接受处罚的，可以依法从宽处理。认罪认罚从宽制度贯穿刑事诉讼全过程，适用于侦查、起诉、审判各个阶段；② 行为人的侵犯商业秘密行为已经取得权利人谅解的；③ 行为人具有主要包括坦白自己的犯罪、表示悔改、赔偿被害人损失、积极退赃、认罪服法等悔罪表现的；④ 行为人以不正当手段获取权利人的商业秘密后尚未披露、使用或者允许他人使用的。

五、商业秘密刑民交叉案件

针对侵害商业秘密的行为，我国刑法规定了侵犯商业秘密罪，反不正当竞争法也规定了禁止侵害商业秘密的情形。商业秘密侵权行为发生后，企业寻求法律救济时，会发现案件性质既涉及刑事法律关系，又涉及民事法律关系，存在着一定的交叉，这类案件属于"刑民交叉案件"。大多数的商业秘密案件中，权利人在考虑采取法律行动时均同时考虑刑事途径和民事途径，且大量案件在现实中又存在着刑民交叉的情况。

（一）刑民交叉两种途径

（1）当我们在进行商业秘密维权过程中出现刑民交叉时，司法实践中常有两种途径，权利人既可以选择先刑后民，又可以选择先民后刑。所谓"先刑后民"是指权利人选择在侵犯商业秘密刑事诉讼终结后再提起民事诉讼。这种情况大多出现在法院已确认侵权人的行为为构成侵犯商业秘密犯罪，商业秘密权利人以生效的刑事判决作为依据对侵权人提起民事诉讼，要求侵权人承担经济赔偿等民事责任。这种情况在实践中较多，商业秘密权利人的证明责任也相当较轻。长期以来，"先刑后民"是商业秘密司法保护的常态，即商业秘密权利人通常在侵犯商业秘密罪刑事案件审结后，再向法院提起侵害商业秘密民事赔偿诉讼，请求法院判令被告承担民事赔偿责任。主要原因是，针对商业秘密侵权行为，权利人举证难，往往需要借助刑事侦查手段获取关键环节的相关证据。另外，因为法律适用的困境，目前商业秘密刑事附带民事赔偿诉讼案件较少，权利人不得不优先选择刑事保护，之后再启动民事诉讼解决赔偿问题。

对于侵犯商业秘密行为而言，因为公权力的介入，刑事侦查取证能力高于普通民事诉讼，侦查部门相对容易获取证人证言，可以综合采取搜查令、调取监控、查询银行和电话记录等手段。这种调查取证的力度是知识产权民事纠纷中双方平等的法律关系主体所不具备的。同时因采取搜查、查封等措施后能较好地固定侵权证据，且考虑到可能带来的营业中断等方面的担忧，涉嫌侵权单位或自然人会有所顾忌，从而会更积极地应诉，无论侵权是否成立，都更愿意主动出示证据力证清白。此外，在裁判的执行力方面，民事裁判文书的执行主要依靠当事人履行，当事人拒不履行时需要自行申请法院强制执行。而刑事案件则由公诉机关、法院共同推进刑罚的执行。

(2）而"先民后刑"是指权利人同时通过刑事诉讼及民事诉讼的方式来追究侵权人的法律责任。这种情况下，对符合刑事立案标准的，公安机关应该予以立案；对符合民事诉讼的起诉条件的，法院也应予以立案受理。这种情况在实践中比较少见。商业秘密刑事保护的优势是，权利人可以借助刑事侦查手段获取行为人的侵权证据，从而有效解决商业秘密保护"取证难"问题，而且刑事制裁对于制止侵权行为具有强大的威慑力。但刑事保护的不足也不容忽视，主要是刑事立案后，举证责任由公诉机关承担，一旦公诉机关因各种原因举证不充分，根据刑法疑罪从无原则，法院只能宣告被告无罪。这意味着权利人选择刑事保护，在解决举证难的同时，亦可能由于公诉机关的举证不充分而面临无法获得刑事保护的风险。商业秘密民事保护的优势是，在民事案件中，无论是商业秘密的"非公知性"和"采取保密措施"，还是商业秘密侵权行为的认定，依据现行法律规定，均能有效降低权利人"举证难"，实践中，如果权利人提供初步证据后，在符合条件的情况下，可将相关举证责任转移给被告，如果被告举证不能则承担败诉的法律后果。

（二）刑民诉讼程序的衔接处理

因为商业秘密刑民交叉案件的特殊性，既要受到刑事法律制度的规制，又要受到民事法律制度的约束，根据我国司法实践，当面对这种交叉时，处理方式主要分为以下四种。

（1）对在先刑事诉讼程序中的证据与事实的审查。原告主张依据生效刑事裁判认定被告侵犯商业秘密的，被告如有相反证据足以推翻在侵犯商业秘密犯罪刑事诉讼中形成的证据，法院一般按照法定程序全面、客观地审查和认定，并协调解决民事、刑事程序冲突问题。但是，对在民事诉讼程序中查明的事实或形成的证据，司法实践中不能直接作为认定犯罪事实的依据，而应当严格按照刑事诉讼法的规定，全面审查相关证据的合法性、真实性和关联性。

（2）由公安机关、检察机关或者法院保存的与被诉侵权行为具有关联性的证据，权利人及其诉讼代理人因客观原因不能自行收集，申请调查和搜集的，法院一般予以准许，但可能影响正在进行的刑事诉讼程序的除外。

（3）生效刑事裁判与民事案件赔偿额的确定。对于刑民交叉的案件，涉及同一侵犯商业秘密行为，当事人主张依据生效刑事裁判认定的实际损失或者违法所得确定民事案件赔偿额的，法院一般都会予以支持。鉴于民事、刑事诉讼的证明标准不同，原告有证据证明实际损失或者侵权获利额大于在先刑事裁判认定数额的，一般法院将根据原告的举证程度进行判定，如果原告有充分证据证明该主张的，法院通常予以支持。

（4）对于涉及同一侵犯商业秘密行为的刑事案件尚未审结的，商业秘密权利人可以请求法院中止审理侵犯商业秘密民事案件。至于是否中止审理，司法实践中一般是由民事案件的审理法院根据案件具体情况确定。

商业秘密刑事保护和民事保护各有优势，刑事保护有助于借助公权力获取侵权证据，而民事保护则可降低权利人的证明标准。就具体个案而言，选择"先刑后民"还是"先民后刑"，很大程度上取决于权利人的选择和判断。

建立健全良好的企业文化并做好积极宣传，努力培育一个和谐企业文化氛围，让员工产生归属感和认同感，提高企业和员工的商业秘密保护意识，可以起到更好地激励和防范作用，避免出现因员工跳槽引起的商业秘密侵权纠纷。对于企业而言应该如何进行防范，可以用员工入职前的背景调查，比如有的技术人员离职，企业往往签订了竞业限制协议，不允许员工到同类型企业去工作，并且会付给他们一定的费用。如果你招来的人有竞业限制，可能会让企业陷入官司之中，最好在入职前先进行必要的背景调查，并要求其提供书面的合法承诺。同时，加强内部管理，防止企业商业机密泄露或被侵犯，比如建立企业商业秘密的监管机制和预警机制，用系统化、程序化的方式保护企业的商业秘密纳入保护范围。还可以对掌握核心机密的人员，通过用股权激励、期权激励等方式，让涉密人员与企业成为市场命运共同体。

第十七章 侵犯商业秘密罪及刑事责任

当我们面临商业秘密侵权行为时，可以通过刑事手段进行救济。这种方式是指商业秘密被侵权人向公安机关报案后，由公安机关、检察机关、审判机关等依据我国刑法的相关规定，对商业秘密侵权人展开调查、追责和处罚。刑事维权的主要优势是对侵权人具有比较强的威慑力，能有效制止侵权行为，为权利人企业挽回损失。企业在选择刑事维权时，需要考虑如下情况：一是刑事救济往往更偏重对侵权人商业秘密侵权行为的打击，而商业秘密权利人要兼顾考虑挽回侵权行为造成的经济损失。二是刑事立案标准比较严格，必须是情节严重，必须是要给商业秘密权利人造成重大损失，而立案时权利人要提供证据证明往往存在较大难度。天网恢恢疏而不漏，随着中国立法、司法、行政机关等加大对商业秘密侵权行为的打击力度，任何人和单位都不要被金钱冲昏了头脑，分不清罪与非罪的界限，作出侵犯商业秘密的越界行为，一不小心就有可能面临牢狱之灾！

第十八章

商业秘密的司法鉴定

扫描图中二维码
查看本章思维导图

司法鉴定是指在诉讼活动中鉴定人运用科学技术或者专业知识对诉讼涉及的专门性问题进行分析和判断并提供鉴定意见的活动。知识产权司法鉴定是指相关领域的专家运用自己的专业知识，通过必要的检测、化验、比对、分析等手段，对技术秘密是否符合法定构成要件、被侵权的技术和涉嫌侵权技术的技术特征是否相同等知识产权纠纷中的技术争议事项进行鉴定。

商业秘密的鉴定属于知识产权司法鉴定，鉴定意见在商业秘密纠纷案件中起着至关重要的作用，比如技术秘密的非公知性通常需要通过非公知鉴定意见来证实。作为商业秘密的权利人在启动商业秘密刑事案件或民事案件时，可以聘请有知识产权鉴定资质的司法鉴定机构进行涉案技术信息的非公知鉴定及与侵权信息比对的同一性鉴定，有效推进维权。

一、商业秘密鉴定的程序

在民事案件中，商业秘密鉴定应当以当事人委托为原则，法院委托为补充。具体说，应当由权利人来委托，侵权人如对鉴定意见有异议的，也可委托鉴定；如双方提交的鉴定意见相矛盾，人民法院可以委托或指定鉴定机构。在刑事案件中，商业秘密鉴定应当由司法机关委托，不是由权利人或侵权人来委托。实践中，权利人在刑事报案时常常会提交鉴定意见，作为警方决定是否立案的参考。

鉴定机构审核鉴定材料，认为符合条件的，接受委托，与委托方签订委托协议，鉴定委托方依据协议支付鉴定费用，并提交鉴定申请书。一般鉴定协议上约定了鉴定事项、鉴定材料、鉴定费用、鉴定期限以及鉴定双方的权利义务等条款。鉴定申请书要明确申请鉴定的具体内容，不能只笼统写"非公知鉴定"或"同一性鉴定"等类似的概括用语。

委托人委托鉴定的，应当向鉴定机构提供完整、充分的鉴定材料，并对鉴定材料的真实性、合法性和关联性负责。鉴定材料的收集、保管、送检均应符合法律，确保检材完整、可靠，并且没有被污染，这是商业秘密鉴定的基本要求。如果鉴定材料不够充足，鉴定机构可以让委托方补充材料，直到符合鉴定条件为止。送检材料来源不明，或者因被污染不再符合鉴定条件，这样作出的鉴定意见不应被采信，不得作为定案的根据。

鉴定机构接受鉴定委托后，根据鉴定事项所涉及的技术背景，确定知识产权司法鉴定人。鉴定人的技术背景要与鉴定事项所涉及的技术领域相同。如果鉴定事项所涉及的技术属于某一细分领域，而司法鉴定人的技术背景同属于大的技术领域，但并不属于这一细分领域，鉴定机构应当安排上述细分领域的专家作为本鉴定委托事项的咨询专家，为鉴定全过程提供咨询和辅导。

商业秘密鉴定应当依照相关法定程序进行：

（1）应当由有鉴定资格的鉴定机构进行鉴定；

（2）鉴定委托书必须明确鉴定事项、目的、要求，委托事项不得笼统写为"对是否构成商业秘密"等进行鉴定；

（3）鉴定材料应当真实、完整、充分且取得方式合法；

（4）司法鉴定机构对同一鉴定事项，应当指定或者选择具有该鉴定事项执业资格的二名司法鉴定人进行鉴定；

（5）鉴定人应当独立进行鉴定，对鉴定意见负责并在鉴定书上签名或者盖章，如果多人参加的鉴定，对鉴定意见有不同意见的，应当注明。

二、商业秘密司法鉴定的内容

商业秘密鉴定只能对事实问题进行鉴定，比如技术信息的非公知性，而不能对法律问题进行鉴定，比如商业信息是否构成商业秘密。委托人需要事先对鉴定事项进行准确归纳，属于鉴定机构鉴定范围的才能启动鉴定，而不能将属于法官判定范围的法律问题放在申请鉴定的事项中。比如"非公知性鉴定""同一性鉴定"等，准确表述应当是鉴定"该技术信息是否不为公众所知悉"和"原被告的技术是否相同或实质性相同",而不能说鉴定"该商业信息是否属于技术秘密""被告是否窃取了原告的技术秘密"等法律问题。判断某一技术信息是否构成商业秘密、被告是否侵犯原告商业秘密这类法律问题,是法官运用法律对案件事实予以认定后产生的判断结果,而不是委托鉴定部门鉴定出来的结论。法官对于鉴定意见不仅要进行形式审查,还需要结合案件事实和其他证据进行实体审查,综合判断鉴定意见是否可以作为定案依据。在实践中,商业秘密案件需要进行的鉴定主要包括"非公知鉴定""同一性鉴定""损失数额鉴定"三类。

(一)"非公知鉴定"

"非公知鉴定"是指鉴定机构判定商业秘密权利人所主张的技术信息或经营信息等商业信息是否属于"非公知信息"的鉴定。商业秘密权利人所主张的技术或经营信息等商业信息是否具有秘密性,即是否不为公众所知悉,是权利人是否可以享有商业秘密的关键。法官需要精通法律知识和证据认定规则,不一定具备机械、化学、材料、生物、电学等技术领域的专门知识,很难判断技术信息是否属于非公知信息,需要借助专业人员和专业机构来判断,因此"非公知鉴定"成为技术类商业秘密案件必不可少的步骤。

判定"商业信息是否不为公众所知悉"的委托,一般应当提供以下材料:

(1)记载权利人所主张商业秘密的原始资料,包括图纸、工艺文件、源程序、合同、客户信息等;

(2)权利人对商业秘密情况的书面说明,包括商业秘密的具体范围、主要内容、功能用途、区别特点等;权利人对相关信息采取了何种保密措施;利用商业秘密所制造的设备产品有否公开销售以及其他有必要说明的问题;

(3)对客户名单、采购渠道信息等经营信息的鉴定,委托方一般须提供与客户实际交易的协议、单据、票证等证明材料。

鉴定事项要具体明确,"非公知鉴定"需要告知鉴定机构明确的秘密点，鉴定机构根据原告确定的秘密点进行科技查新、检索，鉴定该秘密点是否属于公知信息。非公知性鉴定报告应当且只能按照权利人主张的秘密点进行鉴定。当权利人对秘密点的描述不准确或不规范的，鉴定人可以协助权利人对秘密点进行梳理，但是秘密点的具体内容应当由权利人最终确定。没有明确的秘密点，无法进行技术检索，无法得出该秘密点是否属于非公知技术的鉴定结论。因此，在商业秘密纠纷案件中，委托人申请鉴定时应当与鉴定机构充分沟通，明确秘密点的范围及具体内容。

大多数情况下，秘密点并非一个简单的参数或部件，而是多个技术特征的组合，通过各个技术特征之间的配合作用，以达到特定的技术效果。并非要求秘密点的所有技术特征都具有非公知性，可能是其中某个或者某几个技术特征或者技术特征的组合具有非公知性。因此面对复杂的技术方案，需要化整为零，拆分出最小单位的技术特征与对比文献中相应的文字、图片等技术内容进行比较。鉴定报告应当具体指出两者的异同，并附上分析过程及结论依据。

对比二者技术特征，需要使用专利数据库进行检索，也就是根据鉴定项目的秘密点与所查专利数据库等范围内的专利文献信息进行比较分析，对秘密点作出是否非公知的判断。在进行非公知性鉴定时，除了利用专利数据库进行检索以外，还应当通过互联网检索技术、浏览相关行业期刊书籍等方式进行排查，结合数据库检索和出版物、互联网等其他渠道检索情况，作出待鉴定秘密点是否非公知的综合判断，并将检索、判断的过程和结论记载在鉴定报告中。

（二）"同一性鉴定"

"同一性鉴定"是指鉴定机构判断被诉侵权方的商业信息与权利人秘密点的信息是否相同或实质性相同的鉴定。在确定技术信息或经营信息等商业信息具有秘密性等条件后，接下来需要判定的是权利人与侵权人的商业信息是否具有同一性，即两者是否相同或者实质相同。

商业信息的"同一性鉴定"，特别是技术信息的"同一性鉴定"同样需要专业人员和专业机构的参与，判定二者是否相同或实质性相同。鉴定二者是否具有同一性，是为了方便法官判断被控侵权人是否侵犯了权利人的商业秘密，因此，商业秘密的权利人也必须先行明确其商业秘密的范围，即明确具体的秘密点，这也是"同一性鉴定"的前提。判定被控侵权信息与权利人主张信息是否相同或实质相同的委托，一般应当提供以下材料：

（1）记载权利人信息的技术资料，包括技术图纸、工艺文件、源程序等；

（2）记载被控侵权信息的技术资料；

（3）要求对比的内容及具体范围的书面说明。

记载权利人信息的技术资料的产生时间应当在涉案商业秘密形成的时间段，而不是被告离职或发生侵权行为时的时间。

以计算机软件商业秘密侵权为例，计算机软件的鉴定材料要完备，特别是源程序的完备，是进行技术鉴定的前提。判断两款软件是否相同或相似，通常是进行全面对比，从软件应用的领域、软件的结构、软件的功能、用户界面、源代码、应用环境等逐一进行比对。关于计算机软件同一性的认定最直接的表现就是软件代码，包括目标代码和源代码，比对时应注意，目标代码是机器可执行文件，可读性差，难以修改；但源代码是程序的源代码，是由程序员编写的原始文件，很容易进行非实质性的修改。一般源程序根据不同的编译环境形成多种不同的目标代码，所以同一个软件，可能会出现多种不同的目标代码，即使目标代码不一致，也不能认定软件的源程序不一致。所以在软件"同一性鉴定"中，最好是对源代码进行对比鉴定。但在软件商业秘密维权时，获取侵权方源代码的难度较大。如果只获得对方的目标代码，需要对双方目标代码进行反编译，再进行比对。但是反编译是一个比较复杂的过程，越是高级语言，越是难于反编译，而且如果目标代码被加密，会导致无法反编译。如果无法获取对方源代码时，就需要通过目标代码对比进而对源代码进行判断。源代码根据不同的编译环境产生不同的目标代码，如果目标代码不一致，不能毫无疑义地认定源代码不一致，但如果反推过来，通过比对目标代码二者一致的前提下，那么基本可以认定源程序一致。因此，在对方没有提出反证的情况下，当双方软件目标代码完全相同时，可以认定双方的计算机软件之间构成相同。

（三）"损失数额鉴定"

"损失数额鉴定"是指对商业秘密的价值以及权利人遭受的损失的评估，可根据需要，委托专业评估机构进行价值或损失的评估。在计算损失或违法所得时，根据商业秘密在侵权产品利润中的占比、作用等因素，考虑商业秘密的贡献率。委托人一般应当向评估机构提供下列材料：权利人对商业秘密的利用情况（自行制造产品、技术许可、市场情况、竞争情况、实施成本、技术投资入股等）的书面说明及证明材料（合同、票据等）。在民事案件中，权利人损失数额与损害赔偿数额紧密相关，在刑事案件中，损失数额是罪与非罪的重要标准，也是司法机关追赃的重要依据。损失额的计算往往需要账目审计、市场调查等专业知识，没有专业人员与专业机构的参与很难完成，因此"损失数额鉴定"在绝大多数商业秘密案件中不可或缺。

商业秘密的价值评估属于知识产权无形资产评估的一种，应当根据评估目的、评估对象、价值类型、资料收集等情况，综合考虑收益法、市场法和成本法这三种资产评估基本方法的适用性，恰当选择一种或者多种资产评估方法。

（1）收益法是指在企业可持续经营条件下，通过估算商业秘密寿命周期里的合理预期收益，再通过适当的折现率折算成现值，从而确定商业秘密价值的评估方法，使用收益法评估时应当根据被评估商业秘密的过往实施情况及未来应用前景，结合实施商业秘密企业的经营状况，重点分析商业秘密经济收益，合理估算商业秘密带来的预期收益。

（2）市场法是指根据市场交易确定商业秘密价值的方法，使用市场法时应当收集同类商业秘密交易的市场交易价格、交易时间及交易条件等交易信息，考虑历史交易情况，并重点分析被评估商业秘密与过往同类交易在资产特性、获利能力、竞争能力、技术水平、成熟程度、风险状况等方面的可比性,根据经济发展、交易条件、市场因素、无形资产实施情况的变化,确定被评估商业秘密的价值。不过,有些商业秘密比较独特,和其他商业秘密缺乏可比性,难以通过过往交易价格确定其价值。

(3)成本法是指先估测商业秘密的重置成本,再估测由于技术更新、市场变化等因素导致的功能性、经济性贬值因素,从重置成本中扣除而得到商业秘密价值的方法。使用成本法时应当根据被评估商业秘密形成的全部投入,充分考虑商业秘密价值与成本的相关程度,恰当考虑成本法的适用性,合理确定无形资产贬值,从而确定商业秘密的重置成本,重置成本具体包括合理的成本、利润和相关税费。

如果对同一商业秘密采用多种评估方法时,应当对所获得各种初步评估价值进行分析,形成合理评估结论。

三、对鉴定报告的质证及鉴定人出庭

在侵犯商业秘密罪案件中,鉴定意见是十分重要的证据种类。司法鉴定实行鉴定人负责制度,鉴定意见需要全体鉴定人签名确认,而不能仅由鉴定机构盖章。一般情况下,商业秘密鉴定报告应当具有下列内容:

(1)委托人姓名或者名称、委托鉴定的内容;

(2)委托鉴定的材料;

(3)鉴定的依据及使用的科学技术手段;

(4)对鉴定过程的说明;

(5)明确的鉴定结论;

(6)对鉴定人鉴定资格的说明;

(7)鉴定人员及鉴定机构签名盖章。

基于权利人主张作为商业秘密的信息类型多样,分析比对需要较强的技术性及专业性,法庭对商业秘密纠纷案件,特别是技术秘密纠纷的判定较大程度依赖司法鉴定。在商业秘密刑事案件中,司法鉴定的结论影响到犯罪成立与否；在商业秘密民事案件中，鉴定意见也会直接影响到案件的判决结果，因此针对鉴定意见的质证往往是案件双方争议的焦点。

尽管在诉讼活动中，鉴定意见往往对案件的最终结论起决定性的作用，但并不能就此认定鉴定意见的证明效力当然优于其他证据，也并不意味着鉴定意见可以不需经过审查判断就直接用来认定案件事实。对整个案件来说，鉴定意见只是商业秘密案件中诸多用以查明案情的证据的一种，法院应当允许各方当事人对鉴定意见发表意见，必要的时候还应当要求鉴定专家出庭接受质询。法院认为鉴定人有必要出庭的，鉴定人应出庭作证，鉴定人拒不出庭作证的，鉴定意见不予采纳。鉴定人员的专业背景要与商业秘密案件的专业领域相关，鉴定人员需要对这一专业领域非常精通，达到本领域的专家水平。如果鉴定人员的专业背景与商业秘密案件涉及的技术领域无关，或者虽然技术领域相关，但是在当庭回答相关基本问题时，反映出鉴定人员缺乏涉案领域的专业知识，那么该鉴定意见不应当成为案件的定案根据。如果存在鉴定机构或鉴定人员不具备法定资质、送检材料样本来源不明或者被污染不具备鉴定条件、鉴定意见与案件待证事实没有关联等情形，鉴定意见不得作为定案根据。鉴定意见只经过双方当事人充分质证后，在结合案件的全部证据的基础上，认定案件事实，准确适用法律，最终作出公正合理的判决。

司法鉴定意见出具后，发现有下列情形之一的，司法鉴定机构可以进行补正：

（1）图像、谱图、表格不清晰的；

（2）签名、盖章或者编号不符合制作要求的；

（3）文字表达有瑕疵或者错别字，但不影响司法鉴定意见的。

补正应当在原司法鉴定意见书上进行，由至少一名司法鉴定人在补正处签名。必要时，可以出具补正书。对司法鉴定意见书进行补正，不得改变司法鉴定意见的原意。

鉴定结论直接关系到案件的处理结果，因此是否准许当事人重新鉴定要十分慎重。当事人对人民法院委托的鉴定部门作出的鉴定结论有异

议申请重新鉴定,提供证据证明存在下列情形之一,人民法院应予准许:

(1) 鉴定机构或者鉴定人员不具备相关的鉴定资格的;

(2) 鉴定程序严重违法的;

(3) 鉴定结论明显依据不足的;

(4) 经过质证认定不能作为证据使用的其他情况。对有缺陷的鉴定结论,可以通过补充鉴定、重新质证或者补充质证等方法解决。

如果说知识产权案件是民刑事案件中的疑难案件,那么侵犯商业秘密的案件则是难中之难,而侵犯商业秘密案件难度大,通常难在技术资料的通晓和判断,很多时候,都要参考鉴定意见作出结论。鉴定意见中的非公知鉴定、同一性鉴定与损失数额鉴定均直接影响刑事案件的定罪量刑,也会直接影响民事案件法律责任的承担。因此,运用好鉴定意见是赢得商业秘密纠纷案件的重要条件,亦是每个企业有效保护自身商业秘密的必修课。

参 考 文 献

[1] 赵以文.企业商业秘密保护[M].北京:企业管理出版社,2020.6.

[2] 唐亚南.侵犯商业秘密罪裁判规则[M].北京:法律出版社,2021.6.

[3] 崔汪卫.商业秘密立法反思与制度建构[M].北京:社会科学文献出版社·政法传媒分社,2021.9.

[4] 北京市知识产权维权援助中心.企业商业秘密管理工作指引[M].北京:知识产权出版社,2020.10.

[5] 王博.商业秘密法律风险与防范手册[M].北京:金城出版社,2013.12.

[6] 张志胜.商业秘密分类保护与案例评析[M].北京:法律出版社,2022.6.

[7] 张黎.《中华全国律师协会律师办理商业秘密法律业务操作指引》解释[M].北京:北京大学出版社,2017.2.

[8] 李哲等.国有企业保密日常管理实务[M].秦皇岛:燕山大学出版社,2020.10.

[9] 唐青林.商业秘密案件裁判规则:全面梳理中国商业秘密案件司法裁判规则[M].北京:中国法制出版社,2022.4.

[10] 王冰,王博.完美的商业秘密管理:商业秘密保护与纠纷预防[M].武汉:武汉大学出版社,2008.3.

[11] 唐海滨.美国是如何保护商业秘密的[M].北京:法律出版社,1998.11.

[12] 戴永盛.商业秘密法比较研究[M].上海:华东师范大学出版社,2005.1.

[13] 吴寿仁.保护商业秘密手册[M].北京:人民邮电出版社,2008.1.

[14] 马天旗等.科创板企业上市知识产权指南[M].北京:知识产权出版社,2021.10.

[15] 祝磊.美国商业秘密法律制度研究[M].长沙:湖南人民出版社,2008.6.

[16] 周铭川.侵犯商业秘密罪研究[M].武汉:武汉大学出版社,2008.12.

[17] 齐爱民,李仪.商业秘密保护法体系化判解研究[M].武汉:武汉大学出版社,2008.4.

[18] 郑璇玉.商业秘密的法律保护[M].北京:中国政法大学出版社,2009.7.

[19] 孔祥俊.商业秘密司法保护实务[M].北京:中国法制出版社,2021.1.

[20] 刘秀.商业秘密的刑事保护[M].北京:知识产权出版社,2014.6.

[21] 张耕等.商业秘密法[M].厦门:厦门大学出版社,2012.3.

[22] 马克·R·哈里根,(美)理查德·F·韦加德.商业秘密资产管理:2016:信息资产管理指南[M].余仲儒,译.北京:知识产权出版社,2017.10.

[23] 姚建军.中国商业秘密保护司法实务[M].北京:法律出版社,2019.5.

后　　记

自市场交易诞生以来，商业秘密就已经出现，在古代商铺，产品秘方本质上就属于商业秘密。现代商业秘密的国际立法保护最早可以追溯到1883年的《保护工业产权巴黎公约》，该公约虽然没有提及商业秘密的概念，但在1967年将专利技术、经营标记与反对不正当竞争列为工业产权的对象，成为以后国际公约关于商业秘密保护的基准性法案。之后无论是英美判例法系，还是大陆成文法系，各国都逐渐加强对商业秘密的保护。我国作为大陆法系国家，对商业秘密的保护也日趋成熟，无论是《民法典》《反不正当竞争法》还是《刑法》，都对商业秘密保护做出了规定，使其与专利权、商标权、著作权等知识产权共同成为保护市场主体竞争优势，维护公平公正的市场交易环境的重要法律制度。

本书是我处理商业秘密诉讼及非诉案件的经验总结，从商业秘密基础知识、企业商业秘密合规、商业秘密侵权应对三个方面着手，既能够为企业建立商业秘密法律保护体系提出建议，又能够为商业秘密侵权诉讼提供策略，指导商业秘密保护的日常工作。

另外，感谢任圆圆律师、苏科岑律师对查找案例、校对文稿所做出的贡献，以及对本书的编写提出建议，对她们的辛苦付出表示感谢。

本书得以出版，要特别感谢华中科技大学出版社郭善珊老师及其团队，他们对本书文稿反复审校，纠正了许多内容和文字方面的错误，并提出了修改建议，对他们的敬业精神和工作态度，我深表钦佩。

2023 年 1 月 1 日